Data and text mining and its
application in research and
development decision-making

数据与文本挖掘
及其在研发决策中的应用

郝占刚 著

图书在版编目（CIP）数据

数据与文本挖掘及其在研发决策中的应用/郝占刚著.
—北京：经济管理出版社，2011.12
ISBN 978-7-5096-0855-5

Ⅰ.①数… Ⅱ.①郝… Ⅲ.①数据采集 Ⅳ.①TP274

中国版本图书馆 CIP 数据核字（2011）第 259461 号

出版发行：经济管理出版社
北京市海淀区北蜂窝 8 号中雅大厦 11 层
电话：(010)51915602　　　邮编：100038
印刷：北京银祥印刷厂　　　经销：新华书店
组稿编辑：申桂萍　　　责任编辑：杨国强　高蕙
责任印制：杨国强　　　责任校对：曹平

720mm×1000mm/16　　10.5 印张　　136 千字
2011 年 12 月第 1 版　　2011 年 12 月第 1 次印刷
定价：32.00 元
书号：ISBN 978-7-5096-0855-5

·版权所有　翻印必究·
凡购本社图书，如有印装错误，由本社读者服务部
负责调换。联系地址：北京阜外月坛北小街 2 号
电话：(010)68022974　　邮编：100836

前　言

随着数据库技术的不断发展及数据库管理系统的广泛应用，数据库中存储的数据量急剧增大，在这些大量的数据背后隐藏着许多重要的信息，如果能把这些信息从数据库中抽取出来，将为数据的所有者创造出很多潜在的利润和价值，而这种从海量数据库中挖掘信息的技术，就称为数据挖掘。数据挖掘技术可以解决"数据爆炸但知识贫乏"的现象。而存储信息使用最多的是文本，所以文本挖掘被认为比数据挖掘具有更高的商业潜力。当数据挖掘的对象完全由文本这种数据类型组成时，这个过程就称为文本挖掘。事实上，有研究表明公司信息有80%包含在文本文档中。因此，数据挖掘和文本挖掘成了目前学术界和应用领域重点研究的问题。

进化算法是以进化论为思想基础，通过模拟生物进化过程与机制的求解问题的自组织、自适应的人工智能技术。本书主要研究进化算法中的遗传算法和社会演化算法在数据与文本挖掘中的应用。

遗传算法是借鉴生物界自然选择和遗传机制的随机搜索优化算法，作为一种有效的全局并行优化搜索工具，在数据挖掘领域得到了广泛的应用，是数据挖掘的主要算法之一。基于遗传算法的特点，遗传算法在数据挖掘的三大研究领域：数据收集和预处理、挖掘、评价和知识呈现方面得到了广泛的应用，取得了良好的效果。社会演化算法的思想基础是库恩的范式转换理论，其寻优机制是基于范式的确立与更新以及认知主体对范式进行学习的一系列智能认知行为。该算法目前主要应用于解决组合优化问题，用于数据与文本挖掘还很少有人研究。

本书运用遗传算法、社会演化算法等进化算法，结合k-均值算法、k-medoids算法、神经网络方法、模式聚合方法、潜在语义索引等方法对数据和文本挖掘中的特征降维问题、分类问题、聚类问题等进行了研究，提出了一些新的高效的算法，并将这些算法运用到企业产品研发决策中去，提高产品研发的效率。本书的主要内容如下：

第一，提出一种基于遗传算法和k-medoids算法的新的聚类方法。采用遗传算法进行聚类，或时间成本太高，或效果不佳。因此，本书提出将k-medoids算法嵌入遗传算法中，形成一个新的聚类算法。该方法既可以很好地解决局部最优的问题，又可以很好地解决孤立点的问题，同时用于和k-medoids算法相结合，可以加快遗传算法的收敛速度，节约时间成本。

第二，采用遗传算法和模式聚合进行文本特征降维。文本向量一般都具有非常高的维数，几千维或上万维，这么高的维数使得文本挖掘的效率非常低，本书提出了遗传算法和模式聚合相结合的降维算法。模式聚合可以有效降低文本特征的维数，使特征从几千维降为几百维，并在此基础上采用遗传算法继续降维。

第三，采用遗传算法和潜在语义索引进行文本特征降维。潜在语义索引通过奇异值分解可以有效降低向量空间的维数，并在此基础上采用遗传算法继续降维。

第四，采用社会演化算法进行聚类。K均值聚类算法通常只能以局部最优结束，很难找到全局最优。本书提出一种基于社会演化算法和k-均值算法相结合的聚类新方法，在该方法中提出了认知主体在聚类中对范式学习的新的方式。

第五，采用混沌社会演化算法进行聚类。在认知主体对范式的背叛中采用混沌变异算子。实验证明该方法不但能提高聚类的效率，而且能提高聚类的精度。

第六,将 k-medoids 算法和改进的遗传算法、改进的社会演化算法相结合,解决文本聚类及孤立点问题。将 k-medoids 算法嵌入遗传算法中,将其聚类结果作为遗传算法的初始种群,并进而在每一代都采用其进行优化,从而缩减遗传算法进化时间,提高进化效率和质量。将 k-medoids 算法嵌入社会算法中,将其作为智能认知主体的认知算法。

第七,文本挖掘在产品研发决策的应用研究。产品研发是一个知识融合、传递和共享的过程,不同知识之间的嫁接、变异、融合,形成了新的技术,从而诞生新的产品。因此,产品研发的关键在于对知识的利用。而文本挖掘方法就是一个非常好的将文本数据转化为文本知识的方法。本书在文本数据搜集的基础上,采用文本挖掘方法对其进行处理,获得产品研发所需的文本知识,进而构建产品研发文本知识地图。该知识地图可以帮助企业进行产品研发决策,提高产品研发的质量和效率。

郝占刚

2011 年 11 月

目 录

第一章 绪论 ································· 1

第一节 本书的研究背景和意义 ····················· 1
第二节 数据挖掘与文本挖掘概述 ··················· 3
第三节 遗传算法应用研究综述 ····················· 17
第四节 社会演化算法在数据和文本聚类中的应用 ······· 29
第五节 本书的主要工作和创新点 ··················· 30

第二章 基于遗传算法和 k-medoids 算法相结合的聚类方法 ····· 35

第一节 引言 ································· 35
第二节 k-medoids 算法简介 ······················ 36
第三节 基于遗传算法和 k-medoids 算法相结合的
　　　 聚类方法 ····························· 39
第四节 仿真实验 ······························ 47
本章小结 ····································· 48

第三章 基于模式聚合和遗传算法的文本特征降维方法 ········ 49

第一节 引言 ································· 49
第二节 常用的文本特征降维方法及其缺点 ············ 50
第三节 文本分类的预处理 ························ 52
第四节 模式聚合理论简介 ························ 53

第五节　基于遗传算法的文本特征提取方法 …………… 55
　　第六节　基于模式聚合和遗传算法的文本特征降维方法 …… 60
　　第七节　仿真实验 ……………………………………… 60
　　本章小结 ………………………………………………… 62

第四章　基于潜在语义索引和遗传算法的文本特征降维方法 …… 63
　　第一节　引言 …………………………………………… 63
　　第二节　向量空间模型 ………………………………… 64
　　第三节　隐含语义分析理论简介 ……………………… 65
　　第四节　基于遗传算法的文本特征降维方法 ………… 68
　　第五节　基于潜在语义索引和遗传算法的
　　　　　　文本特征降维方法 …………………………… 71
　　第六节　仿真实验 ……………………………………… 72
　　本章小结 ………………………………………………… 74

第五章　基于社会演化算法的聚类新方法 …………………… 75
　　第一节　引言 …………………………………………… 75
　　第二节　社会演化算法与传统遗传算法寻优机制的比较 …… 77
　　第三节　基于社会演化算法的聚类新方法 …………… 80
　　第四节　仿真实验 ……………………………………… 84
　　本章小结 ………………………………………………… 85

第六章　基于混沌的新的社会演化算法的数据和
　　　　文本聚类方法 ………………………………………… 87
　　第一节　引言 …………………………………………… 87
　　第二节　混沌理论简介 ………………………………… 88
　　第三节　基于混沌的新的社会演化算法的聚类方法 …… 90
　　第四节　仿真实验 ……………………………………… 96

本章小结 ·· 98

第七章　基于改进遗传算法和改进社会演化算法的文本聚类研究 ·················· 99

第一节　文本聚类研究综述 ······························· 99
第二节　基于改进遗传算法的文本聚类方法 ············ 104
第三节　基于改进社会演化算法的文本聚类新方法 ····· 112
本章小结 ·· 116

第八章　基于文本挖掘的产品研发知识地图构建研究 ······ 117

第一节　基于知识来源的产品开发过程模型研究 ········ 118
第二节　产品开发过程模型各阶段的知识分析 ·········· 122
第三节　基于文本挖掘的产品研发文本知识地图构建 ··· 124
本章小结 ·· 128

第九章　总结和展望 ·· 129

第一节　本书总结 ·· 129
第二节　待研究的问题和研究前景展望 ··················· 131

参考文献 ··· 133

作者研究文献 ·· 153

后　记 ··· 155

第一章 绪 论

本章首先介绍选题的研究背景和意义,然后对数据挖掘和文本挖掘的主要概念、过程、技术等进行阐述,接下来重点介绍了遗传算法的基本概念及其在数据挖掘和文本挖掘中的应用以及相关的研究概况,最后介绍了本研究的主要工作。

第一节 本书的研究背景和意义

随着数据库技术的迅速发展以及数据库管理系统的广泛应用,人们积累的数据越来越多。激增的数据背后隐藏着许多重要的信息,人们希望能够对其进行更高层次的分析,以便更好地利用这些数据。目前的数据库系统可以高效地实现数据的录入、查询、统计等功能,但无法发现数据中存在的关系和规则,无法根据现有的数据预测未来的发展趋势。缺乏挖掘数据背后隐藏的知识的手段,导致了"数据爆炸但知识贫乏"的现象。

数据挖掘是从大量原始数据中发掘出隐含的、有用的但尚未被发现的信息和知识(如规则、规律、模式、约束等),目的是帮助决策者寻找数据间潜在的关联,发现被忽略的要素,而这些信息对预测趋势和决策行为是十分有用的。[1,5,17,19,23,29] 数据挖掘技术能从数据库中自动分析数据,进行归纳性推理,从中发掘出潜在的模式；或者产生联想，建立新的业务模型，帮助决策者做出正确的决策。数据挖掘表明，知识就隐藏在日常积累下来的大量数据之中，但是发现这些知识是需要借助有效的方法和工具的。

遗传算法作为一种有效的全局并行优化搜索工具，在数据挖掘领域得到了广泛的应用，是数据挖掘的主要算法之一。遗传算法是一类借鉴生物界自然选择和遗传机制的随机搜索优化算法，其主要特点有：它处理的对象不是参数本身，而是对参数集进行编码后得到的个体，因此不仅可以对传统的目标函数优化求解，而且可以处理诸如矩阵、树和图等结构形式的对象；它采用同时处理群体中多个个体的方法，即同时对搜索空间中的多个解进行评估，降低了陷入局部最优解的风险。另外，遗传算法基本上不需要有关搜索空间的知识或者其他辅助信息，仅仅靠适应度函数值来评估个体，适应度函数不受连续可微等条件的约束。基于遗传算法的特点，遗传算法在数据挖掘的三大研究领域：数据收集和预处理、挖掘、评价和知识呈现方面得到了广泛的应用，取得了良好的效果。

社会演化算法是建立在社会认知模型（Social Cognitive Model，SCM）之上的一种算法。SCM 的参照系统是人类社会，所以该模型的组织结构与人类社会本身有许多相似之处。与人类社会由大量个体构成相似，SCM 由许多认知主体（Cognitive Agent）构成。[141] 一个认知主体就是一个具有一定简单的推理、决策等认知能力的人工系统。每一个认知主体都有独立的认知能力，经过一系列认知行为后可以得到一个局部最优解。社会演化算法的思想基础是库恩的范式转换理论，其寻优机制是基于范式的确立与更新以及认知主体对范式进行学习的一系列智能认知行为。社会演化算法是一种优良的寻优算法，能够解决数据挖掘和文本挖掘方面的问题。

数据挖掘的大部分研究主要针对的是结构化的数据，如关系的、事物的和数据仓库的数据。然而当今是一个信息产生、传播速度很快，信息交流量日益增加的时代。由于电子形式的信息量的飞速增长，如电子出版物、电子邮件、CD-ROM 和万维网（它也可以被视为一个巨大的、互联的动态文本数据库）等，文本数据库得到迅速的发展。文本数据库中存储最多的数据是所谓的非结构化数据。文本挖掘由两步组成：预处理过程和发现过程。文本挖掘是从大量文本中发现新的知识、进行文本处理的新的研究领域。

数据挖掘方法的提出，让人们认识到数据的真正价值，即蕴涵在数据中的信息和知识。数据挖掘是目前国际数据库和信息决策领域最前沿的研究方向之一，已经引起了学术界和工业界的广泛关注。

综上所述，数据挖掘和文本挖掘是当前的一个重要领域，目前将遗传算法理论应用到数据挖掘和文本挖掘中，已提出了一些方法，还存在很多值得研究的内容；而社会演化算法还未见用于数据挖掘和文本挖掘的研究当中，具有很大的研究价值。故基于遗传算法和社会演化算法的数据及文本挖掘具有较大的理论意义和实用价值。

第二节　数据挖掘与文本挖掘概述

一、数据挖掘概述

1. 数据挖掘的定义及发展

随着数据库技术的不断发展及数据库管理系统的广泛应用，数据库中存储的数据量急剧增大，在这些大量的数据背后隐藏着许多重要的信息，如果能把这些信息从数据库中抽取出来，将为数据的所有者创造出很多潜在的利润和价值,而这种从海量数据库中挖掘信息的技术,就称为数据挖掘。[2]

数据挖掘是从大型数据库或数据仓库中发现并提取隐藏在其中的信息的一种新技术,目的是帮助决策者寻找数据间潜在的关联,发现被忽略的要素,而这些信息对预测趋势和决策行为也许是十分有用的。数据挖掘技术涉及数据库、人工智能、机器学习和统计分析等多种技术。数据挖掘技术能从大型数据库或数据仓库中自动分析数据,进行归纳性推理,从中发掘出潜在的模式;或者产生联想,建立新的业务模型,帮助决策者调整市场策略,做出正确的决策。[4,18,39,40] 数据挖掘表明:知识就隐藏在日常积累下来的大量数据之中,而仅靠复杂的算法和推理并不能发现知识。

KDD 一词首次出现是在 1989 年 8 月举行的第 11 届国际联合人工智能学术会议上。迄今为止,由美国人工智能协会主办的 KDD 国际研讨会已经召开了八次,规模由原来的专题讨论会发展到国际学术大会,研究重点也逐渐从发现方法转向系统应用,并且注重多种发现策略和技术的集成,以及多种学科之间的相互渗透。其他内容的专题会议也把数据挖掘和知识发现列为议题之一。KDD 成为当前计算机科学界研究的一大热点。[3,41]

此外,数据库、人工智能、信息处理、知识工程等领域的国际学术刊物也纷纷开辟了 KDD 专题或专刊。IEEE 的 Knowledge and Data Engineering 会刊在 1993 年出版了 KDD 技术专刊,代表了当时 KDD 研究的最新成果和动态,较全面地论述了 KDD 系统方法论、发现结果的评价、KDD 系统设计的逻辑方法。不仅如此,在互联网上还有不少 KDD 电子出版物,其中以半月刊"Knowledge Discovery Nuggets"最为权威,还可以下载各种各样的数据挖掘工具软件和典型的样本数据仓库,供人们测试和评价。[6,7]

在数据挖掘技术日益发展的同时,许多数据挖掘的商业软件工具也逐渐问世。数据挖掘工具主要有两类:特定领域的数据挖掘工具和通用的数据挖掘工具。特定领域的数据挖掘工具针对某个特定领域的问题提供解决方案。在设计算法时，充分考虑到数据、需求的特殊性，并作了优化。例如，IBM 公司的 Advanced Scout 系统针对 NBA 的数据，帮助教练优化战术组合；芬兰赫尔辛基大学计算机科学系开发的 TASA，帮助预测网络通信中的警报。特定领域的数据挖掘工具针对性比较强，只能用于一种应用。也正因为针对性强，往往采用特殊的算法，可以处理特殊的数据，实现特殊的目的，发现的知识可靠度也比较高。通用的数据挖掘工具不区分具体数据的含义，采用通用的挖掘算法，处理常见的数据类型。例如，IBM 公司 Almaden 研究中心开发的 QUEST 系统和 SGI 公司开发的 MineSet 系统。通用的数据挖掘工具可以做多种模式的挖掘，挖掘什么、用什么来挖掘都由用户根据自己的应用来选择。

随着 KDD 研究逐步走向深入，人们越来越清楚地认识到，KDD 的研究主要有三个技术支柱，即数据库、人工智能和数理统计。目前数据库界除了关注万维网数据库、分布式数据库、面向对象数据库、多媒体数据库、查询优化和并行计算等技术外，已经开始反思，数据库最实质的应用是否仅仅是查询。理论根基最深的关系数据库最本质的技术进步点，就是数据存放和数据使用之间的相互分离。然而，人们越来越清楚地发现，"查询是数据库的奴隶，发现才是数据库的主人"。[8,20]

由于数据库文化的迅速普及，用数据库作为知识源具有坚实的基础；另外，对于一个感兴趣的特定领域——客观世界，先用数据库技术将其形式化并组织起来，就会大大提高知识获取起点，以后从中发掘或发现的所有知识都是针对该数据库而言的。因此，在需求的驱动下，很多数据库学者转向对数据仓库和数据挖掘的研究、从对演绎数据库的研究转向对归纳数据库的研究。

专家系统曾经是人工智能研究工作者的骄傲。专家系统实质上是一个问题求解系统，目前的主要理论工具是基于谓词演算的机器定理证明技术——二阶演绎系统。领域专家长期以来面向一个特定领域的经验世界，通过人脑的思维活动积累了大量有用信息。

在研制一个专家系统时，知识工程师首先要从领域专家那里获取知识，这一过程实质上是归纳过程，是非常复杂的个人到个人之间的交互过程，有很强的个性和随机性。因此，知识获取成为专家系统研究中公认的"瓶颈"问题。其次，知识工程师在整理表达从领域专家那里获得的知识时，用 If-Then 等类的规则表达，约束性太大；用常规数理逻辑来表达社会现象和人的思维活动局限性太大，也太困难，勉强抽象出来的规则有很强的工艺色彩，差异性极大。最后，即使某个领域的知识通过一定手段获取并表达了，但这样做成的专家系统对常识和百科知识出奇的贫乏，而人类专家的知识是以拥有大量常识为基础的。人工智能学家 Feigenbaum 估计，一般人拥有的常识存入计算机大约有 100 万条事实和抽象经验法则，离开常识的专家系统有时会比傻子还傻。例如战场指挥员会根据"在某地发现一只刚死的波斯猫"的情报很快断定敌高级指挥所的位置，而再好的军事专家系统也难以顾全到如此的信息。

以上这三大难题大大限制了专家系统的应用，使得专家系统目前还停留在构造诸如发动机故障论断一类的水平上。人工智能学者开始着手基于案例的推理，尤其是从事机器学习的科学家们，不再满足自己构造的小样本学习模式的象牙塔，开始正视现实生活中大量的、不完全的、有噪声的、模糊的、随机的大数据样本，也走上了数据挖掘的道路。

数理统计是应用数学中最重要、最活跃的学科之一，它在计算机发明之前就诞生了，迄今已有几百年的发展历史。如今相当强大有效的数理统计方法和工具，已成为信息咨询业的基础。信息时代，咨询业更为发达。然而，数理统计和数据库技术结合得并不算快，数据库查询语言 SQL 中的聚合函数功能极其简单，就是一个证明。咨询业用数据库查询数据还远远不够。一旦人们有了从数据

查询到知识发现、从数据演绎到数据归纳的要求，概率论和数理统计就获得了新的生命力。[9,10,11]

2. 数据挖掘的主要研究内容

数据挖掘的任务就是发现隐藏在数据中的模式，其可以发现的模式一般分为两大类：描述型（Descriptive）模式和预测型（Predictive）模式。[12]描述型模式是对当前数据中存在的事实做规范描述，刻画当前数据的一般特性；预测型模式则是以时间为关键参数，对于时间序列型数据，根据其历史和当前的值去预测其未来的值。根据模式特征，可将模式大致细分如下：

（1）分类模式（Classification）。分类就是构造一个分类函数（分类模型），把具有某些特征的数据项映射到某个给定的类别上。该过程由两步构成：模型创建和模型使用。模型创建是指通过对训练数据集的学习来建立分类模型；模型使用是指使用分类模型对测试数据和新的数据进行分类。其中的训练数据集是带有类标号的，也就是说在分类之前，要划分的类别是已经确定的。通常分类模型是以分类规则、决策树或数学表达式的形式给出的。

（2）聚类模式（Clustering）。聚类就是将数据项分组成多个类或簇，类之间的数据差别应尽可能大，类内的数据差别应尽可能小，即为"最小化类间的相似性，最大化类内的相似性"原则。与分类模式不同的是，聚类中要划分的类别是未知的，它是一种不依赖于预先定义的类和带类标号的训练数据集的非监督学习（Unsupervised Learning），无须背景知识，其中类的数量由系统按照某种性能指标自动确定。

（3）回归模式（Regression）。回归模式的函数定义与分类模式相似，主要差别在于分类模式采用离散预测值（如类标号），而回归模式采用连续的预测值。在这种观点下，分类和回归都是预测问题。但在数据挖掘业界，大家普遍认为用预测法预测类标号为分类，预测连续值（如使用回归方法）为预测。[13]许多问题可以用线性回归解决，对于许多非线性问题可以通过对变量进行变换，从而转换为线性问题来解决。

（4）关联模式（Association）。关联模式是数据项之间存在的关联规则，是在同一事件中出现的不同项之间的相关性，比如顾客在同一次购买活动中所购买的不同商品之间的相关性。

最著名的关联规则挖掘算法是由 Agrawal 等人于 1994 年提出的 Apriori 算法。[14,15] Apriori 算法的基本思想是：统计多种商品在一次购买中共同出现的频数，然后将出现频数多的搭配转换为关联规则。Apriori 算法的核心是：用前一次扫描数据库的结果产生本次扫描的候选项目集，从而提高搜索的效率。之后人们又提出了诸多关联规则挖掘算法，主要工作集中在如何提高项集的生成效率和降低计算代价上。

（5）序列模式（Sequential）。序列模式是描述基于时间或其他序列经常发生的规律或趋势，并对其建模。一个典型的例子就是：在购买 PC 机的顾客当中，70%的人会在半年内购买内存条。序列模式将关联模式和时间序列模式结合起来，重点考虑数据之间在时间维上的关联性。有三个参数的选择对序列模式挖掘的结果影响很大：①序列的持续时间，也就是某个时间序列的有效时间或者是用户选择的一个时间段；②时间折叠窗口，在某段时间内发生的事件可以被看作是同时发生的；③所发现模式的时间间隔。

（6）偏差模式（Deviation）。偏差模式是对差异和极端特例的描述，如聚类外的离群值。大部分数据挖掘方法都将这种差异信息视为噪声而丢弃，然而在一些应用中，罕见的数据可能比正常的数据更有用。[13]比如信用卡的欺骗检测（Fraud Detection），通过检测一个给定账号与其历史上正常的付费相比，可以付款数额特别大这一异常数据为依据来发现信用卡被欺骗性使用。

3. 数据挖掘的理论基础

数据挖掘的理论基础可以归结为以下几个方面：[16,21,22]

（1）数据归约（Data Reduction）。按照这一理论，数据挖掘的基础是减少数据的描述。在大型数据库里，数据归约能换来对查询的快速近似应答。数据归约技术主要包括奇异值分解（在主要组件分析背后的驱动元素）、小波、回归、对数线性模型（Log-linear Model）、直方图（Histogram）、簇、取样和索引树构造。

（2）数据压缩（Data Compression）。根据这一理论，数据挖掘的基础是对给定的数据进行压缩，它一般是通过关联规则、决策树、簇等进行编码实现的。根据最小描述长度原理（Minimum Description Length Principle）编码，从一个数据集合中推导出的"最好"理论是这样的理论，即它本身的长度和用它作为预测器（Predicator）进行编码的长度都最小。

（3）模式发现（Pattern Discovery）。在这个理论中，数据挖掘的基础是在数据库中发现模式，比如关联规则、分类模型、序列模式等。它涉及机器学习、神经网络、关联挖掘、序列模式挖掘、聚类和其他的子领域。

（4）概率理论（Probability Theory）。它基于统计理论。依据这一理论，数据挖掘的基础是发现随机变量的联合概率分布，例如，贝叶斯置信网络（Bayesian Belief Network）或层次贝叶斯模型（Hierarchical Bayesianmodel）。

（5）微观经济观点（Microeconomic View）。它把数据挖掘看作发现模式的任务，通过数据挖掘来发现那些对企业决策过程（如制定市场策略，产品计划等）有用的并在一定程度上有趣的模式。这个观点认为，如果模式能发生作用的话，则认为它是有趣的。企业在碰到优化问题的时候最大限度地使用这个对象。在此，数据挖掘变成一个非线性的优化问题。

(6) 归纳数据库 (Inductive Database)。在这个模式中，数据库模式看作是由存储在数据库中的模式和数据组成的。数据挖掘的问题变成了对数据库进行归纳的问题，它的任务是查询数据库中的数据和理论（即模式）。这个观点在数据库系统的许多研究者当中非常流行。

上述理论不是互相排斥的。例如，模式发现可以看作是数据归约和数据压缩的一种形式。一个理想的理论框架应该能够对典型的数据挖掘任务（如关联、分类和聚类）进行建模，有一个概率特性能够处理不同形式的数据，并且对数据挖掘的反复和交互的本质加以考虑。[16,21,22]

4. 数据挖掘的发展趋势

鉴于数据、数据挖掘任务和数据挖掘方法的多样性，给数据挖掘提出了许多挑战性的课题。数据挖掘语言的设计，高效而有用的数据挖掘方法和系统的开发，交互和集成的数据挖掘环境的建立，以及应用数据挖掘技术解决大型实际应用问题，都是目前数据挖掘研究人员、系统和应用开发人员所面临的主要问题。[24~26]

(1) 应用的探索。早期的数据挖掘应用主要集中在帮助企业提升竞争能力。随着数据挖掘的日益普及，数据挖掘也日益探索其他应用范围，如生物医学、金融分析和电信等领域。此外，随着电子商务和电子市场逐渐成为零售业的主流因素，数据挖掘也在不断扩展其在商业领域的应用面。通用数据挖掘系统在处理特定应用问题时有其局限性，因此目前的一种趋势是开发针对特定应用的数据挖掘系统。

(2) 可伸缩的数据挖掘方法。与传统的数据分析方法相比，数据挖掘必须能够有效地处理大量数据，而且尽可能是交互式的。由于数据量是在不断地激增，因此针对单独的和集成的数据挖掘功能的可伸缩算法显得十分重要。一个重要的方向是基于约束的挖掘

(Constraint-based Mining)。它致力于在增加用户交互的同时如何改进挖掘处理的总体效率。它提供了额外的控制方法，允许用户说明和使用约束，引导数据挖掘系统对感兴趣模式的搜索。

（3）数据挖掘与数据库系统、数据库仓库系统和 Web 数据库系统的集成。数据库系统、数据库仓库系统和 Web 已经成为信息处理系统的主流。保证数据挖掘作为基本的数据分析模块能够顺利地集成到此类信息处理环境中是十分重要的。数据挖掘系统的理想体系结构是与数据库和数据仓库系统的紧耦合方式。事务管理、查询处理、联机分析处理和联机分析挖掘应集成在一个统一框架中。这将保证数据的可获得性，数据挖掘的可移植性、可伸缩性、高性能以及对多维数据分析和探查集成信息处理环境。

（4）数据挖掘语言的标准化。标准的数据挖掘语言或其他方面的标准化工作将有助于数据挖掘的系统化开发，改进多个数据挖掘系统和功能间的互操作，促进数据挖掘系统在企业和社会中的教育和使用。

（5）可视化数据挖掘。可视化数据挖掘是从大量数据中发现知识的有效路径。系统研究和开发可视化数据挖掘技术将有助于推进数据挖掘作为数据分析的基本工具。

（6）复杂数据类型挖掘的新方法。复杂数据类型挖掘是数据挖掘中一项重要的前沿研究课题。虽然在地理空间挖掘、多媒体挖掘、时序挖掘、序列挖掘方面取得一些进展，但它们与实际应用的需要仍存在很大的距离。对此需要进一步的研究，尤其是把针对上述数据类型的现存数据挖掘分析技术与数据挖掘方法集成起来的研究。

（7）Web 挖掘。由于 Web 上存在大量信息，并且 Web 在当今社会扮演越来越重要的角色，有关 Web 内容挖掘、Web 日志挖掘和因特网上的数据挖掘服务，将成为数据挖掘中一个重要和繁荣的子领域。

(8) 数据挖掘中的隐私保护与信息安全：随着数据挖掘工具和电信与计算机网络的日益普及，数据挖掘要面对的一个重要问题是隐私保护和信息安全。需要进一步开发有关方法，以便在适当的信息访问和挖掘过程中确保隐私保护和信息安全。

二、文本挖掘概述

1. 文本挖掘的定义

存储信息使用最多的是文本，所以文本挖掘被认为比数据挖掘具有更高的商业潜力。当数据挖掘的对象完全由文本这种数据类型组成时，这个过程就称为文本挖掘。[28]事实上，有研究表明公司信息有80%包含在文本文档中。[31]

文本挖掘涵盖多种技术，包括信息抽取、信息检索、自然语言处理和数据挖掘。它的主要用途是从原本未经使用的文本中提取出未知的知识。但是文本挖掘也是一项非常困难的工作，因为它必须处理那些本来就模糊而且非结构化的文本数据，所以它是一个多学科混杂的领域，涵盖了信息技术、文本分析、模式识别、统计学、数据可视化、数据库技术、机器学习以及数据挖掘等技术。[27,30]

2. 文本挖掘的任务

在文本挖掘的过程中，可以分为两个阶段：文本精练（Text Refining）和知识抽取（Knowledge Distillation）。文本精练将自由形式的文档转变为中间形式；知识提取从中间形式中推理出模式和知识。

中间形式可以是半结构的形式，如概念图或者结构化的关系表。在基于文档的中间形式中的每一个实体表示一个文档；在基于概念的中间形式中每个实体表示特定领域中一个感兴趣的对象和概念。一般而言，基于概念的中间形式总是依赖于领域的，而基于文档的中间形式可以与领域无关。

对基于文档的中间形式进行采掘可以获得文档间的模式和关系，因而文档的分类、聚类以及可视化均属此类。对基于概念的中间形式进行采掘可以获取对象、概念间的模式和关系。因而预测模型和关联属于此类。

根据挖掘出的知识类型不同，可以把文本挖掘任务分为以下几类：文本分类（Text Classification）、聚类分析（Clustering Analysis）、关联规则（Association Rule）、趋势预测（Distribution Analysis and Trend Prediction）。

（1）文本分类。文本分类是指根据带有类别的文本集合的特点，根据每一个类别的文本子集合的共有特点，找出一个分类函数或分类模型（分类器），根据该模型可以把其他文本映射到已有类别中的一个，从而实现自动对文本分类。这样，用户不但能够方便地浏览文档，而且可以通过限制搜索范围来使文档的查找更为容易。Yahoo！、Sohu等搜索引擎都是利用文本分类技术对大量文档进行快速有效的自动分类。目前，文本分类的算法有很多种，比较常用的有 KNN（K-nearst Neighbor），[32] Native Bayes, [33] Neural Net, [34] SVM（Support Vector Machine），[35] LLSF（Linear Least Square Fit）[36]等方法。

（2）聚类分析。聚类分析是指将文档集合分成若干个簇，要求同一簇内文档内容的相似度尽可能地大，而不同簇间的相似度尽可能地小，从而发现整个文本集合的整体分布特点。它与分类的不同之处在于，聚类没有预先定义好的主题类别。Hearst等人的研究已经证明了"聚类假设"，即与用户查询相关的文档通常会聚集得比较近，而远离与用户查询不相关的文档。[37]因此，我们可以利用文本聚类技术将搜索引擎的检索结果划分为若干个簇，用户只需要考虑那些相关的簇，大大缩小了所需要浏览的结果数量。目前，有多种文本聚类算法，例如以 HAC 等算法为代表的层次聚类法；[38] 以 k-means 等算法为代表的平面划分法等，还有人将 HAC 和 k-means 算法结合起来产生了新的算法。[42]

（3）关联分析。关联分析是指从文本集合中找出不同词语之间的关系。Brin 提出了一种从大量文本中发现一对词语出现模式的算法，并用来在 Web 上寻找作者和书名的出现模式，从而发现了数千本在 Amazon 网站上找不到的新书籍。[43] Wang 等人以 Web 上的电影介绍作为测试文档，通过使用 OEM（Original Equipment Manufacturer）模型，从这些半结构化的页面中抽取词语项，进而得到一些关于电影名称、导演、演员和编剧的出现模式。[44]

（4）分布分析与趋势预测。分布分析与趋势预测是指通过对文档的分析，得到特定数据在某个历史时刻的情况或将来的取值趋势。Feldman 等人使用多种分布模型对路透社的 2 万多篇新闻进行了挖掘，得到主题、国家、组织、人、股票交易之间的相对分布，揭示了一些非常有趣的趋势。[45] Wuthrich 等人通过分析网络上出版的权威性经济文章，对每天的股票市场指数进行预测，并取得了良好的效果。[46]

3. 文本挖掘中面临的课题

文本挖掘目前面临的问题包含挖掘算法的效率和可扩展性、遗漏及噪声数据的处理、私有数据的保护与数据安全性。

文本挖掘中的许多问题并不是在该领域内首先提出的，因此，文本挖掘与许多领域都有密不可分的关系，其中关系最密切的包括：数据挖掘、统计学、机器学习、模式识别、神经网络、可视化、自然语言处理等。然而，许多其他领域提出的算法主要针对结构化数据，并且现在文本挖掘要处理的文本集合可能非常大，因此要求处理速度快，随着互联网的发展，出现了大量的半结构化

html 文档，文本挖掘面临许多新的研究课题：

（1）文本的表示。文本挖掘处理的是自然语言表示的文本，是无结构或半结构化数据，缺乏计算机可理解的语义，在进行文本挖掘之前，需要对文本进行预处理，对文本进行特征提取，从而把文本表示为计算机可读的一种中间形式。目前，虽然自然语言处理领域的研究已取得很大进展，但还没有一种能够完全表示文本语义的中间形式。

对于不同的挖掘目的，也需要使用不同复杂度的中间表示形式。对于细粒度的、领域特定的知识发现任务，需要进行语义分析，以得到足够丰富的表示，抓住文本中对象或概念之间的关系。但是，语义分析计算量大，如何使计算机更快地进行语言分析并且对于大文本集合具有可扩展性是一个挑战性的问题。

（2）降维问题。通常文档的特征向量会达到上万维的大小，高维的特征可能会大大增加机器学习时间。因此，降维是至关重要的。

（3）跨语言问题。数据挖掘算法是以数据库中的结构化数据作为输入的，是语言独立的，而文本挖掘是以自然语言文本作为输入的，依赖于自然语言。由于自然语言的多样性，各种语言各有其特点，在一种语言中有效的文本挖掘功能却很可能不适用于其他语言，待处理的文本集合中可能存在多种语言写成的文本。因此，文本挖掘功能要考虑到语言之间的语义转换，需要一个语言模型及系统的方法，这将构成跨语言文本挖掘的重要部分。

（4）大规模文本集合。互联网的发展，电子商务和数字图书馆的兴起和广泛应用，永久存储设备价格的不断降低，这些都使得各公司各机构储存的文本信息的规模越来越大，电子文本库中文本数量达几十万、几百万之多。对如此之大的文本集合进行处理，必须有快速高效的文本挖掘算法。

（5）模式的理解和可视化显示。在许多应用中，发现模式的可理解性对于用户来说很重要，提高可理解性的解决方法通常包括以图形方式显示结果、提供相对少量的规则、生成自然语言以及利用可视化技术等，这些都可以提供更友好的用户界面。而目前的文本挖掘系统主要针对有经验的专家，一般人很难使用。

（6）算法运行中参数的设定和调节。很多算法运行时需要用户设定许多参数，有些参数是很难理解的，因而也很难正确设定如何让算法自动选择相对较好的参数值，而且在算法运行的过程中自动地选择相对较好的参数值，是很多算法能否被广泛使用的一个关键问题。

（7）算法的选择。面对多种多样的文本挖掘算法，各种算法各有其特点，如何从中选择一个适合于具体应用的算法是一个尚待研究的问题。

（8）领域知识集成。当前的文本挖掘系统大都未采用领域知识，领域知识很有用，可以提高文本分析效率，有助于取得更紧凑的表示形式等。因此，应考虑把领域知识集成到文本挖掘系统中。

（9）中文文本分词技术。在印欧语系语言中，词与词之间用空格作为固定的分隔符，因此容易进行分词。而在中文里词与词之间没有分隔符，一个句子是由一串连续的汉字组成，加之汉语中的词具有不同的长度，相同的字可出现在许多不同的词中，还有许多词是由单个字组成，这使得中文分词成为一项很难的工作，需要使用快速有效的技术来进行操作。

第一章 绪 论

第三节 遗传算法应用研究综述

一、遗传算法理论概述

1. 遗传算法的生物学基础

生物自从在地球上诞生以来,就开始了漫长的进化过程,低级、简单的生物类型渐渐发展成为高级、复杂的生物类型。这一过程已经由古生物学、胚胎学和比较解剖学等方面的研究工作所证实。生物进化的原因自古至今有着各种不同的解释,其中被人们广泛接受的是达尔文的进化论。

遗传算法的基本思想正是基于达尔文的进化论。达尔文认为:每个物种初生个体的数目总是比能够生存下来的个体数目多,因此个体之间为了生存而相互竞争。如果某个个体的特征发生微小的变异,尽管很小,但使得其适应能力有所提高,那么在复杂的、不断变化的自然环境中,这个个体就有更大机会生存下来,这就是自然选择。变异得到的特征经过遗传由后代继承。通过遗传、变异和自然选择,生物物种能够不断进化。[47]

进化论认为,生物要生存下去,就必须进行生存斗争。生存斗争包括种内斗争、种间斗争以及生物跟无机环境之间的斗争这三个方面。在生存斗争中,具有有利变异的个体容易存活下来,并且有更多的机会将有利变异传给下一代,具有不利变异的个体就比较容易被淘汰,产生后代的机会也少得多。因此,凡是在生存斗争中获胜的个体都是对环境适应性比较强的。达尔文的进化论表明,遗传和变异是决定生物进化的内在因素。遗传是指父代与子代之间，在性状上存在的相似现象。变异是指父代与子代之间以及子代的个体之间，在性状上或多或少地存在的差异现象。在生物体内，遗传和变异的关系十分密切。一个生物体的遗传性状往往会发生变异，而变异的性状有的可以遗传。遗传能使生物性状不断地传送给后代，因此保持了物种的特性，变异能够使生物的性状发生改变，从而适应新的环境而不断地向前发展。

生物的各项生命活动都有其物质基础，生物的遗传与变异也是这样。根据现代细胞学和遗传学的研究得知，遗传物质的主要载体是染色体（Chromosome），染色体主要是由DNA（脱氧核糖核酸）和蛋白质组成，其中DNA又是最主要的遗传物质。DNA是由很多基因构成的。现代分子水平遗传学的研究又进一步证明，基因（Gene）是有遗传效应的片断，它储存着遗传信息，可以准确地复制，也能够发生突变，并可以通过控制蛋白质的合成而控制生物的性状。生物体自身通过对基因的复制（Reproduction）和交叉（Crossover，即基因分离、基因自由组合和基因连锁互换）的操作使其性状的遗传得到选择和控制。同时，通过基因重组、基因变异和染色体在结构和数量上的变异产生丰富多彩的变异现象。需要指出的是，根据达尔文的进化论，多种多样的生物之所以能够适应环境而得以生存进化，是和上述的遗传以及变异生命现象分不开的。生物的遗传特性，使生物界的物种能够保持相对的稳定。而生物的变异特性，使生物个体产生新的性状，以致形成了新的物种，推动了生物的进化和发展。

2. 发展历史

遗传算法的研究历史可以追溯到20世纪六七十年代。1967年，Bagley首次在他的论文中提出了遗传算法（Genetic Algorithm）这一术语。[48]他采用双倍体编码，发展了与目前类似的复制、交叉和变异等遗传操作，并提出了适应度定标及自组织遗传算法的概念。同一时期，Rosenberg 进行了单细胞生物群体的计算机仿真研究，对以后函数优化的研究颇有启发。第一个将遗传算法应用于函数优化的是 Hollstien，[49] 1971 年他在论文"计算机控制系统中的人工遗传自适应方法"中阐述了遗传算法用于数字反馈控制的方法。

1975 年，J.H.Holland 教授在专著《自然系统和人工系统的适应性》("Adaptive in Natural and Artificial System")[50] 中，系统地阐述了遗传算法的基本理论和方法，提出了对遗传算法的理论研究和发展极为重要的模式理论（Schemata Theory），为遗传算法的研究奠定了数学基础。同年，De Jong 的博士论文"An Analysis of the Behavior of a Class of Genetic Adaptive System"[51] 完成。De Jong 和 Hollstien 一样主要侧重于函数优化问题的研究，但他将选择、交叉和变异操作进一步完善和系统化，同时提出了诸如代沟（Generation Gap）等新的遗传操作技术，为遗传算法的深入研究奠定了基础。

到了 20 世纪 80 年代，遗传算法成为人工智能研究的一个热点。1987 年，Davis 总结人们长期从事遗传算法研究的经验，公开出版了 *Genetic Algorithms and Simulated Annealing*[52] 一书，以论文集的形式用大量的实例介绍了遗传算法的应用技术。1989 年，D.E.Goldberg 出版专著 *Genetic Algorithms—in Search, Optimization and Machine Learning*，[53] 全面系统地介绍了遗传算法，使得这一技术得以普及和推广。

随着遗传算法研究的不断深入发展，一系列以遗传算法为主题的国际会议变得十分活跃。从 1985 年开始，国际遗传算法会议，即 ICGA（International Conference on Genetic Algorithm）每两年举行一次。在欧洲，从 1990 年开始每隔一年举办一次类似的会议，即 PPSN（Parallel Problem Solving from Nature）会议。此外，有关人工智能的会议和刊物上大多也有关于遗传算法的专题。

20世纪90年代以后，遗传算法的应用研究日益广泛，在求解组合优化和各种非线形高维目标函数的优化问题中取得了丰硕的成果。1991年，Davis出版了 *Handbook of Genetic Algorithm* [54] 一书。该书除了介绍遗传算法的原理和应用实例外，还介绍了用LISP语言和C语言编写的遗传算法程序。国内1996年也出版了第一本遗传算法专著《遗传算法及应用研究》。[55] 遗传算法的理论和应用研究开始蓬勃发展起来。

3. 遗传算法的基本概念和理论研究概况

（1）基本概念。[123]

1）编码。就是把问题的解决方案用某种编码方式表示。最常用的编码方式是二进制编码，它使用的编码符号由二进制符号0和1组成。其优点是编码、解码操作简单，交叉、变异等遗传操作便于实现；其缺点是不便于反映所求问题的特定知识，对于一些连续函数的优化问题等，也由于遗传算法的随机特性而使得其局部搜索能力较差，对于一些多维、高精度要求的连续函数优化，二进制编码存在着连续函数离散化时的映射误差，个体编码串较短时，可能达不到精度要求，而个体编码串的长度较长时，虽然能提高精度，但却会使算法的搜索空间急剧扩大。其他的编码方式还有格雷码编码、符号编码、实数编码等。

2）产生初始种群。就是产生一定数目的个体组成初始种群。

3）计算适应度。它必须首先确定一个适应度函数。遗传算法在进化搜索中基本不利用外部信息，仅以适应度函数为依据，利用种群中每个个体的适应度值来进行搜索。因此，适应度函数的选取至关重要，直接影响到遗传算法的收敛速度以及能否找到最优解。适应度函数设计主要满足以下条件：①单值、连续、非负、最大化；②合理、一致性，要求适应度值反映对应解的优劣程度；③计算量小，适应度函数设计应尽可能简单，这样可以减少计算时间和空间上的复杂性，降低计算成本；④通用性强，适应度对某类具体问题，应尽可能通用，最好无须使用者改变适应度函数中的参数。

4) 选择。就是从初始种群中选择需要进行操作的个体数，一般说来，选择较大数目的初始种群可以同时处理更多的解，因而容易找到全局最优解，其缺点是增加了每次迭代的时间，一般取 20~100。

常用的选择方法有以下几种：

①轮盘赌选择法。这个方法就是首先计算出每个个体的适应度和选择概率，然后列表计算个体的累计概率，然后产生一个 0~1 的随机数，根据此随机数选择个体。

②随机遍历抽样法。设定 n 为需要选择的个体数目，等距离选择个体，选择指针的距离为 1/n，第一个指针的位置由 [0, 1/n] 区间的均匀随机数决定。

③截断选择法。这是一种人工选择方法，它适合于大种群。在截断选择法中，个体按适应度排序，只有优秀的个体能够被选做父个体，截断选择的参数叫做截断阈值 Trunc。它被定义为被选做父个体的百分比，取值范围为 10%~50%，在该阈值之下的个体不能产生子个体。

④锦标赛选择法。在锦标赛选择法中，随机地从种群中挑选一定数目的个体，然后将最好的个体选做父个体，这个过程重复进行完成个体的选择。

5) 交叉。是指对两个相互配对的染色体按某种方式相互交换其部分基因，从而形成两个新的个体。交叉运算是遗传算法区别于其他进化算法的重要特征，它在遗传算法中起关键作用，是产生新个体的主要方法。

6) 变异。是指将个体编码串中的某些基因值用其他基因值来替换，从而形成一个新的个体。遗传算法中的变异运算是产生新个体的辅助方法，但它是必不可少的一个运算步骤，因为它决定了遗传算法的全局搜索能力。

（2）理论研究概况。

遗传算法的理论研究包括算法搜索性能研究、收敛性能研究、运行参数设置以及算法的改进等内容。作为遗传算法的数学基础，Holland 的模式定理（Schemata Theorem）[50] 指出：具有低阶、短定义矩及平均适应度高于群体平均适应度的模式在子代中将得以指数级增长，满足了寻找最优解的必要条件。同时，遗传算法具有隐并行性（Implicit Parallelism），Holland 和 Goldberg[56] 都指出遗传算法有效处理的模式个数为 $O(n^3)$。即尽管遗传算法实际上只对 n 个个体进行运算，但却隐含处理了 $O(n^3)$ 个模式，这说明遗传算法是一个高效率搜索算法。

由于遗传算法中包含大量的随机操作，理论上对其进行性能分析非常困难，所以一般采用实验的方法进行研究。1971 年，Hollstein 首先将遗传算法应用于数学问题的优化。1975 年，De Jong[51] 将模式理论和自己设计的实验巧妙结合起来，对遗传算法及其部分变体形式的搜索性能进行了相当细致的、多层次的分析研究，同时提出了用于定量分析遗传算法性能的测度：离线性能（Off Line Performance）和在线性能（On Line Performance）。模式定理中模式适应度的计算及分析是一个难点，Bethke[57] 采用 Walsh 模式变换，提出了计算模式平均适应度的方法。由于 Walsh 项和模式之间具有对应关系，因此可以采用 Walsh 多项式构造满足定义矩和阶数要求的函数，研究遗传算法相对于这些构造函数的搜索性能。Goldberg、[58,59] Tanese[60] 和 Forrest[61] 等相继采用这种方法，分析了遗传算法的性能与适应度函数的关系。

为了便于研究遗传算法的性能，Mitchell 和 Holland 等[62] 提出了一类简单的适应度函数：Royal Road 函数。实验发现：针对这类函数，遗传算法的性能比随机爬山算法（Random Mutation Hill-Climbing，RMHC）差。Mitchell 等把原因归结为"搭便车"现象

(Hitchhiking)：一旦某个高适应度模式的个体出现以后，它在群体中迅速占据优势，使群体趋于相同的模式，从而使交叉不能发挥作用。E. V. Nimwegen[63]对 Royal Road 函数做了进一步分析，研究了遗传算法运行过程中出现的亚稳态现象（Metastability）。

未成熟收敛现象受到许多学者的重视和研究，[124~126]最近几年，对于遗传算法收敛性能的研究取得了一定进展。Goldberg 和 Segrest[64]首先采用马尔可夫链对遗传算法的运行过程进行了分析。Rudolph[65]提出了一种保留最佳值遗传算法，该算法能够收敛到全局最优解。Qi 和 Palmieri[66,67]研究了在无限群体规模条件下遗传算法的收敛性能，并得出结论：当变异概率随着算法的运行逐渐趋于 0 时，算法能够收敛到全局极值。张讲社等提出了一种整体退火遗传算法，[68]并证明当退火温度逐渐趋于 0 时，算法是收敛的。王丽薇[69]等采用集合论的方法，提出了遗传算法收敛的一个充分条件。

遗传算法中各个参数的取值对算法的性能影响很大，如何选择合适的参数也是遗传算法研究者所感兴趣的问题。遗传算法的参数主要包括编码串长度 l、群体规模 n、交叉概率 p_c 和变异概率 p_m。串长度 l 一般根据具体问题的精度要求进行设置，对于其他参数，Schaffer[70]建议的最佳范围是：n = 20~30、p_c = 0.75~0.95 和 p_m = 0.005~0.01。随着遗传算法研究的深入，越来越多的学者认识到这些参数需要随着搜索过程而自适应地变化。Grefenstette[71]将 p_c 和 p_m 的选择本身也作为一个优化问题，建议用一个二级遗传算法来确定这两个参数。Fogarty[72]研究了 p_m 随遗传代数变化的效果，例子显示 p_m 随指数下降有较好的性能。Witley[73]提出了一种自适应变化策略，p_m 与一对父个体之间的汉明距离成反比。Baluja、[74] Ravise 和 Sebag 等[75~77]利用遗传算法运行过程中的有关知识，提出了一种自适应地改变交叉和变异概率的新方法。

为了克服二进制编码的遗传算法在进行数值优化时精度不高的

缺点，Schraudolph 和 Belew[78]提出了动态参数编码（Dynamic Parameter Encoding，DPE）方法，动态改变每个参数的有效范围。孟庆春[79]提出一种对称编码方法，在控制系统应用中取得了非常好的效果。浮点数编码以及其他与具体问题相关的编码方法，如可变染色体长度编码和二维染色体编码等也得到了进一步研究和发展。

为了提高遗传算法的搜索性能，许多学者通过对标准遗传算法运行机理的研究，提出了多种改进算法。例如：将遗传算法与传统的基于问题知识的启发式搜索技术相结合的混合搜索算法，如将遗传算法与模拟退火算法（Simulated Annealing）相结合的混合搜索算法；[68,72]根据算法运行过程中的个体有关知识自适应地调整交叉和变异概率的自适应遗传算法，如 PBIL[74]策略（Population-Based Incremental Learning）根据以前群体中的最佳个体产生一个虚拟领导（Virtual Leader），这个虚拟领导可以看作是一个概率向量，利用它指导变异操作，产生下一代群体；协同进化算法（Cooperative Evolutionary Algorithm）[80]在复杂系统中存在许多变量，如果这些变量之间是相互独立的，那么复杂问题可以分解为若干简单问题求解。但在一般情况下，各变量之间存在复杂的非线性相互作用，这就使得问题分解的方法不易实现。因此建立合理模型来描述各变量之间的相互作用，对于求解复杂的问题有重要意义。协同进化算法正是为实现这一点而发展起来的。1997 年，Potter 对协同进化算法[80]作了大量的研究，提出了一种关于协同进化的计算模型。1994 年，Potter 和 De Jong[81]利用协同进化算法求解多变量函数的极值。1996 年，Moriarity[82]将协同进化算法用于三层前馈神经网络的进化，提出了 SANE（Symbiotic Adaptive Neuro-Evolution）算法。

二、遗传算法在其他领域的应用性研究

由于遗传算法对适应度函数没有连续可微的要求，并且其操作对象是编码个体，可以处理诸如矩阵、树和图等结构形式的对象。因此，它在解决高维复杂优化问题上显示出很强的生命力，在实际中得到了广泛的应用。

遗传算法最基本的也是最重要的研究和应用领域之一是组合优化（Combinatorial Optimization）。由于组合优化问题通常带有大量的局部极值，往往是不可微的、不连续的、多维高度非线性 NP 完全问题，因此精确求得组合优化问题的全局最优解一般是不可能的。近十几年来，遗传算法在组合优化领域中得到了相当广泛的研究和应用，并且在解决诸多典型优化问题（如 TSP 问题和背包问题）中显示了良好的性能和效果。[83~87]

自 De Jong[51]起，函数优化就成为遗传算法应用的重要领域，在自动控制、图像处理、分类识别和神经网络等方面得到广泛应用，在自动控制领域中，Michalewicz 等[88,89]研究了利用遗传算法的离散时间最优控制问题；Murdock[90]等用遗传算法分析了控制系统的稳定性问题；Krisnakumar 等[91]用遗传算法进行了航空控制系统的优化；Potter 等[92]应用遗传算法研究了数字 PID 控制器的调节；Kristinsson 等[93]深入研究了连续和离散系统的参数辨识问题，用遗传算法寻找零点；Freeman[94]等利用遗传算法精调模糊逻辑控制器；金耀初等[95]用遗传算法研究了不同模糊算子和模糊决策方法对控制器动态性能的影响。

在神经网络领域中，遗传算法被用来优化网络参数和网络拓扑[96~100]结构。在图像处理领域，Jerzy[101]等将遗传算法与形态学相结合用于形状分析，Andrew[102]等提出利用遗传算法完成关系图匹配的框架；Mirmehdi 等[103]利用遗传算法优化图像特征的提

取过程；Jacquelin 等[104]将遗传算法应用于纹理图像的分割；刘建庄等[105]提出利用遗传算法进行图像基元检测的新方法；吴成柯、侯格贤等[106~108]和龙莆荟等[109]分别采用遗传算法进行图像分割。Vafaie 和 Bala[127,128]等采用遗传算法和分类器相结合的方法，提取描述数据集合的有效特征；Bandyopadhyay[129]等和 Sarkar[130]等分别研究了多维数据的分类识别问题；李茂军等研究了单亲遗传算法在模式聚类中的应用问题。

三、遗传算法用于聚类的研究概况

聚类就是将数据项分组成多个类或簇，类之间的数据差别应尽可能大，类内的数据差别应尽可能小，即为"最小化类间的相似性，最大化类内的相似性"原则。聚类是数据挖掘中很重要的一个研究内容，属于数据挖掘的核心研究内容之一。

I Sarafis、AMS Zalzala 和 P W Trinder 在文献中设计了一种基于规则的遗传算法并将其用于聚类，每一个个体包含一个确定的聚类规则集的子集，以这些个体构成初始群体进行遗传操作。该算法采用一个灵活的适应度函数，该函数考虑了多种因素，这些因素可以使得类间的差距尽可能大，类内差距尽可能小。但是因为该算法的适应度函数计算量过大，使得消耗时间过多，大大降低了聚类的效率。[110]

Giosuè Lo Bosco 提出了一种并行遗传算法用于数据聚类，该算法采用的并行策略是岛屿模型范式，在该模型中，不同的种群对于每个处理器单独进化，并且一些个体不时从一个种群移向另一个种群，该算法能够减少聚类的时间，提高聚类的效率，但该算法对硬件要求太高，需要在一个局域网内进行，无法实行单机操作。[111]

王敞等提出了基于遗传算法的 K 均值聚类算法，该算法是在遗传算法思想和 K 均值算法思想的基础上提出来的，在该算法中把 K 均值方法引入到遗传算法的进化中。首先随机产生遗传算法的第一代并开始进化。在每一代进化中，都用 K 均值方法对每个个体进行进一步的优化。这相当于在每一代都要对所有个体计算以其为初始值的 K 均值问题的局部最优结果，并以这些局部最优结果替换掉原来的个体并继续进化，直到达到最大代数或结果符合要求为止。这种方法力图通过遗传算法来保证获取全局最优解，而用 K 均值方法提高算法的收敛速度。当存在孤立点时该算法势必导致聚类中心的偏移，影响全局的聚类效果，同时由于在遗传的每代都进行了大量的 K 均值分析，因此运算速度相对较慢。[112]

BCC 把扰动的适应性模拟退火（PASA）启发式方法嵌入到遗传算法过程中以加快并改善局部随机搜索过程，提出了一种改进的启发式非层次的聚类分析方法 PASA-GA，并将该方法用于大规模民意测验、市场调查数据的聚类分析，该方法能够加快全局优化的收敛。

Burnet 提出了著名的克隆选择学说，其中心思想是抗体是天然产物，以受体的形式存在于细胞表面，抗原可与之进行选择性的反应。抗原与相应抗体受体的反应可导致细胞克隆性增殖，该群体具有相同的抗体特异性，其中某些细胞克隆分化为抗体生成细胞，另一些形成免疫记忆细胞，参加以后的二次免疫反应。克隆性在细胞水平上表现出记忆性和特异性。克隆选择算法正是基于抗体克隆选择这一生物特性而形成的一种新的人工免疫系统方法。与进化计算一样，人工免疫系统方法也能解决函数优化问题，必然也能用来解决聚类分析问题，而且能以概率 1 收敛到全局最优解。

1995 年刘健庄等[113]提出了基于遗传算法的 k-means 和模糊 c-均值聚类算法；同时 1992 年 Bezdek 也提出了用遗传算法指导聚类的算法；1993 年 Falk[114]提出了所谓的分组遗传算法（Grouping Genetic Algorithm，GGA），致力于设计适当的染色体表达来获取问题的编码，并应用于各种分组、分割以及聚类问题。1994 年 AL-

Sultan 提出用 Tabu 搜索算法求解 k-means 聚类问题,它通过对划分矩阵 U 的随机搜索以获得全局最优解。1997 年唐立新、[115] 1999 年戴晓晖等[116] 提出了基于 GA 的动态聚类方法。

1999 年 Krishma [117] 以 k-means 算子代替交叉算子,设计了一种混合遗传算法,并根据 Gunter 引入的有限状态齐次马尔可夫链方法证明了该算法以概率 1 收敛到全局最优点。2000 年 Maulik [118] 采取聚类中心的浮点编码方式,设计了浮点数交叉、变异操作,从而提高了遗传算法的搜索效率。

2003 年闫德勤[119] 结合学习矢量量化(LVQ)和 GA 来改进聚类的方法。2003 年高坚[120] 将免疫机制引入到基于 GA 的聚类方法之中,可克服 SGA 的早熟现象。2003 年 DA [121] 提出了使用粒子群优化算法进行聚类,2003 年 XERZB [122] 将自适应映射网络和粒子群优化算法相结合进行了基因序列聚类,均取得了较好的效果。Bhuyan 等、[131] Krovi 等[132] 分别提出了遗传算法和 c-均值相结合的聚类算法;P. Scheunders [133] 提出遗传 c-均值聚类算法。

四、遗传算法用于文本特征降维的研究概况

当今时代是一个信息的产生、传播速度很快,信息交流日益增加的时代,其中 80%以上的数据是以非结构的文档、手册等形式存在的。因此,文本挖掘应运而生,而文本分类是文本挖掘中的一个重要组成部分,它在提高信息检索的速度和准确率方面显得意义重大。而经过分词等初步处理后的文本向量空间的维数一般有上万维,一方面,这么高的维数使现存的分类方法由于计算量过大无法直接应用;另一方面,在这些高维数据中存在着大量的噪声数据和冗余数据,使得分类效果十分不理想。因此,维数约简成为文本分类中的一个核心问题。

常用的文本特征提取方法有:词条和类别的互信息(Mutual

Information）法；词条的期望交叉熵（Cross Entropy）法；文本证据权（The Weight of Evidence for Text）法。

遗传算法是一种很好的优化算法，已有人将其用于数据挖掘的降维中，但还未有人用于维数巨大的文本降维中，本书在遗传算法应用于文本降维方面做了一些工作，取得了良好的效果。

第四节 社会演化算法在数据和文本聚类中的应用

社会演化算法是建立在社会认知模型（Social Cognitive Model，SCM）之上的一种算法。SCM 的参照系统是人类社会，所以该模型的组织结构与人类社会本身有许多相似之处。与人类社会由大量个体构成相似，SCM 由许多认知主体（Cognitive Agents）构成。[2] 一个认知主体就是一个具有一定简单的推理、决策等认知能力的人工系统。每一个认知主体都有独立的认知能力，经过一系列认知行为后可以得到一个局部最优解。

建立在这个模型基础上的社会演化算法的思想基础是库恩的范式转换理论，传统的遗传算法的思想基础是达尔文的进化论，这两种方法各自的寻优机制也是分别建立在这两种不同的思想基础上的。传统遗传算法的寻优机制是基于"选择、交叉、变异"等一系列对编码的操作，而社会演化算法的寻优机制则是基于范式的确立与更新以及认知主体对范式进行学习的一系列智能认知行为。这两种寻优机制都属于进化优化，在方法体系上有一定相通之处，即都是基于群体进化、优胜劣汰的思想，在具体技术手段上也能找出某些对应关系，但这两种寻优机制还是存在本质上的差异。社会演化算法用认知主体取代了传统遗传算法中的个体，由认知主体基于模仿人们认知过程的一系列决策行为来得到问题的一个可行解；在进化过程中，用基于"范式学习与更新"的进化寻优机制代替了传统遗传算法基于"模仿基因的遗传和变异"的进化寻优机制。

社会演化算法目前主要用于组合优化的研究当中，尚未有人用于数据和文本的聚类研究当中，本书采用社会演化算法应用于数据和文本的聚类当中，取得了良好的效果。

第五节　本书的主要工作和创新点

本书研究了基于遗传算法和社会演化算法的文本挖掘和数据挖掘中的若干问题，主要包括文本挖掘的降维问题、文本挖掘的聚类问题和数据挖掘的聚类问题。具体研究内容如下：

第一章：首先介绍了选题的研究背景和意义；然后对数据挖掘和文本挖掘中的有关概念、任务、存在的问题进行了阐述；接下来重点综述了遗传算法和社会演化算法在数据挖掘和文本挖掘中应用的研究动态；最后介绍了本书的主要工作和创新点。

第二章：提出一种基于遗传算法和k-medoids算法的新的聚类方法。k-medoids算法是一种基于划分的聚类算法，可以较好地解决孤立点的问题，但该方法受初始值影响很大，通常不能得到全局最优解。本书采用遗传算法和k-medoids算法相结合进行聚类，既可以较好地解决局部最优的问题，也可以较好地解决孤立点的问题，同时由于和k-medoids相结合，可以加快遗传算法的收敛速度，节约了时间成本。

第三章：提出一种基于遗传算法和模式聚类的文本特征降维方法。维数约简是文本分类中的一个核心问题。遗传算法是一种优良的优化算法，但用于维数巨大的文本降维并不合适，本书将模式聚类和遗传算法相结合，在用模式聚类进行降维的基础上再用遗传算法进行降维，这样就可以充分发挥这两种方法的优势。

第四章：提出一种基于遗传算法和潜在语义索引的文本特征降维方法。潜在语义索引是一种用于知识获取的计算理论和方法，它的出发点就是文本中的词与词之间存在某种联系，即存在某种潜在的语义结构。采用潜在语义索引可以大大降低文本向量空间的维数，但单独采用潜在语义索引无法取得良好的效果。因此，本书采用遗传算法和潜在语义索引相结合，发挥两种方法各自的优势，取得了良好的效果。

第五章：提出一种基于社会演化算法的聚类新方法。K 均值算法受初始值影响很大，通常只能以局部最优结束，很难找到全局最优解。社会演化算法是基于范式转换的全局搜索算法，是一种很好的全局优化算法。本书把 K 均值算法作为社会演化算法中认知主体的认知算法，使得认知主体具有一定的简单的推理、决策等认知能力。并把这种建立在社会演化算法和 K 均值算法之上的新的算法用于聚类，解决了 K 均值算法通常只能以局部最优结束的问题，同时提高了聚类的效率。

第六章：提出一种基于混沌的新的社会演化算法的聚类新方法。社会演化算法是一种良好的优化算法，但其变异的方式限制了其在全局范围内寻找最优解的能力。本书在社会演化算法中采用混沌变异算子代替原有的认知主体对范式的背叛，利用混沌变异算子的遍历性，提高社会演化算法的全局搜索能力，并把其用于数据和文本的聚类中，取得了良好的效果。

第七章：将 k-medoids 算法和改进的遗传算法、改进的社会演化算法相结合，解决文本聚类及孤立点问题。将 k-medoids 算法嵌入遗传算法中，将其聚类结果作为遗传算法的初始种群，并进而在每一代都采用其进行优化，从而缩减遗传算法进化时间，提高进化效率和质量。将 k-medoids 算法嵌入社会算法中去，将其作为智能

数据与文本挖掘及其在研发决策中的应用

认知主体的认知算法。

第八章：文本挖掘在产品研发决策的应用研究。产品研发是一个知识融合、传递和共享的过程，不同知识之间的嫁接、变异、融合，形成了新的技术，从而诞生新的产品。因此，产品研发的关键在于对知识的利用。而文本挖掘方法就是一个非常好的将文本数据转化为文本知识的方法。本书在文本数据搜集的基础上，采用文本挖掘方法对其进行处理，获得产品研发所需的文本知识，进而构建产品研发文本知识地图。该知识地图可以帮助企业进行产品研发决策，提高产品研发的质量和效率。

第九章：总结全书内容，提出遗传算法和社会演化算法在数据和文本挖掘中新的研究方向及在产品研发中的应用问题。

本书的主要创新点如下：

（1）提出一种基于遗传算法和k-medoids算法的聚类新方法。该方法能够很好地解决孤立点和局部最优的问题。同时，由于和k-medoids相结合，可以加快遗传算法的收敛速度、节约时间成本。

（2）提出一种基于遗传算法和模式聚类的文本特征降维方法。文本向量空间具有极高的维数，通常具有几千维、上万维，甚至十几万维，因此文本特征降维成为一个难点。而采用遗传算法进行文本特征降维以前还未见有人研究过，本书采用模式聚类和遗传算法相结合对文本特征进行降维，取得了良好的效果。

（3）提出一种基于遗传算法和潜在语义索引的文本特征降维方法，该方法能很好地对文本向量空间进行降维，效果良好。

（4）提出一种基于社会演化算法的聚类新方法，采用K均值作为社会演化算法中认知主体的认知算法，把认知主体的认知结果作为初始的范式集合，以此作为基础进行继承和叛逆。该方法能较好地解决K均值算法的局部最优的问题，同时由于社会演化算法本身的特性可以提高聚类的效率。

（5）提出一种基于混沌社会演化算法的聚类新方法。社会演化算法是一种很好的优化算法,但其变异的方式限制了其在全局范围内寻找最优解的能力。本书采用混沌变异算子在社会演化算法中代替原有的认知主体对范式的背叛,利用混沌变异算子的遍历性,提高社会演化算法的全局搜索能力,并把其用于数据和文本的聚类中,取得了良好的效果。

(6)提出将 k-medoids 算法和遗传算法、社会演化算法相结合的文本聚类方法。将 k-medoids 算法嵌入遗传算法中,将其聚类结果作为遗传算法的初始种群,并进而在每一代都采用其进行优化,从而缩减遗传算法进化时间,提高进化效率和质量。将 k-medoids 算法嵌入社会算法中去,将其作为智能认知主体的认知算法。

(7)文本挖掘在产品研发决策的应用研究。本书在文本数据搜集的基础上,采用文本挖掘方法对其进行处理,获得产品研发所需的文本知识,进而构建产品研发文本知识地图。该知识地图可以帮助企业进行产品研发决策,提高产品研发的质量和效率。

第二章 基于遗传算法和 k-medoids 算法相结合的聚类方法

第一节 引 言

聚类是一个将数据集划分为若干组或类的过程，并使得同一个组内的数据对象具有较高的相似度，而不同组中的数据对象则是不相似的，相似或不相似的度量通常是利用距离进行描述的。聚类具有广泛的应用，是数据挖掘的一个重要研究领域。聚类算法有很多，可以分为以下几类：①划分方法，给定一个包含 n 个对象的数据集，划分方法将数据集划分为 k 个子集，其中每个子集均代表一个聚类；②层次方法，这种方法通过分解给定的数据集来创建一个层次，根据层次分解形成的方式采用自上而下或自下而上的方法进行聚类；③基于密度方法，这种方法实际上就是不断增长所获得的聚类直到"临近"密度小于一定阈值为止；④基于网格方法，这种方法将数据集划分为有限数目的单元以形成网格结构，所有聚类操作均是在这一网格结构上进行的；⑤基于模型的方法，这种方法为每个聚类假设一个模型，再去发现符合相应模型的数据对象。[138]本章主要研究划分方法，它主要包括 k-均值算法和 k-medoids 算法。

基于划分的k-均值聚类算法是目前聚类分析中应用最广泛的算法。k-均值算法需要给定一个聚类数目k，随机创建一个初始划分，然后采用迭代方法通过将聚类中心不断移动来尝试着进行划分。k-均值方法有两个缺点：①该方法受初始值影响很大，通常只能以局部最优结束；②该方法对孤立点很敏感。k-medoids算法也是基于划分的聚类算法，与k-均值相似，k-medoids算法也需要给定一个聚类数目k，随机创建一个初始划分，然后采用迭代方法通过将聚类中心不断移动来尝试着进行划分。与k-均值不同的是，k-medoids算法不是采用均值作为聚类中心，而是采用数据集中任意一个数据作为聚类中心，因此可以很好地解决k-均值对孤立点敏感的问题，极大地提高了聚类的精度。但是，该方法同样受初始值影响很大，通常不能得到全局最优解。

遗传算法是一种基于自然选择和遗传的随机优化算法，[139]已经有人尝试用遗传算法进行聚类，[134~136]但是或者时间成本太高，或者效果不佳。也有人采用了k-均值和遗传算法结合进行聚类，[137,112]取得了一定的效果，但仍不能解决孤立点的问题。本书采用k-medoids和遗传算法相结合，既可以很好地解决局部最优的问题，也可以很好地解决孤立点的问题，同时由于和k-medoids相结合，可以加快遗传算法的收敛速度，节约了时间成本，并通过仿真进行了验证。

第二节 k-medoids算法简介

由于一个异常数据的取值可能会很大，从而会影响对数据分布的估计（k-means算法中的各聚类均值计算），因此k-means均值算法对异常数据很敏感。为此，设想利用medoid来作为一个参考点代替 k-means 算法中的各聚类的均值（作为聚类中心），从而可以根据各对象与各参考点之间的距离（差异性）之和最小化的原则，继续应用划分方法。这就构成了 k-medoids 算法。

k-medoids 聚类算法的基本策略就是通过首先任意为每个聚类找到一个代表对象（medoids）而确定 n 个数据对象的 k 个聚类代表（也需要循环进行），其他对象则根据它们与这些聚类代表的距离分别归属到各相应聚类中（根据最小距离原则）。如果替换一个聚类代表能够改善所获聚类质量的话，那么就可以用一个新对象替换老聚类对象。这里将利用一个基于各对象与其聚类代表间距离的成本函数来对聚类质量进行评估。为了确定任一个非聚类代表对象 O_{random} 是否可以替换当前一个聚类代表（medoids）O_j，需要根据以下四种情况对各非聚类代表对象 p 进行检查。

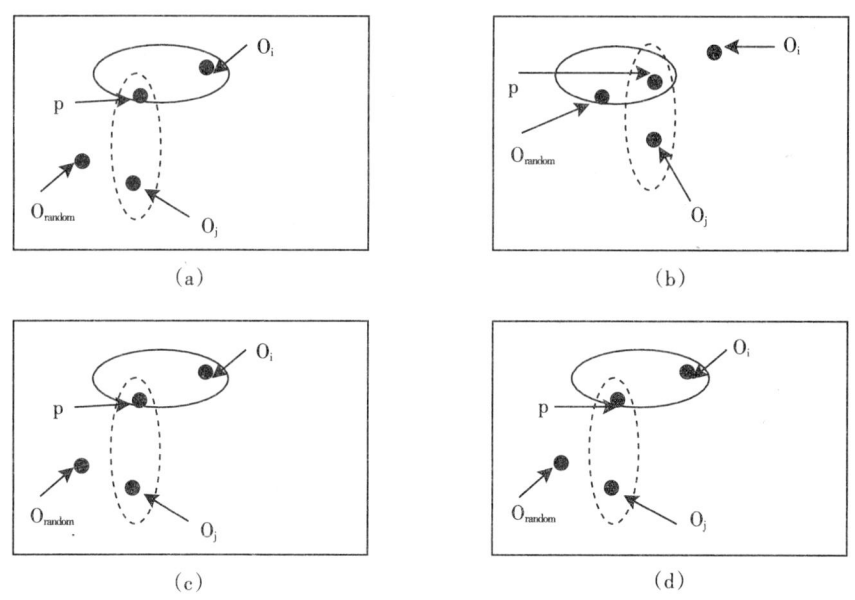

图 2-1　k-medoids 算法聚类过程示意图

（1）如图 2-1（a）所示，若对象 p 当前属于 O_j（所代表的聚类），且如果用 O_{random} 替换 O_j 作为新聚类代表，而 p 就更接近其他

O_i（$i \neq j$），那么就将 p 归类到 O_i（所代表的聚类）中。

（2）如图 2-1（b）所示，若对象 p 当前属于 O_j（所代表的聚类），且如果用 O_{random} 替换 O_j 作为新聚类代表，而 p 就更接近 O_{random}，那么就将 p 归类到 O_{random}（所代表的聚类）中。

（3）如图 2-1（c）所示，若对象 p 当前属于 O_i（$i \neq j$）（所代表的聚类），且如果用 O_{random} 替换 O_j 作为新聚类代表，而 p 就更接近 O_i，那么 p 的归类不发生变化。

（4）如图 2-1（d）所示，若对象 p 当前属于 O_i（$i \neq j$）（所代表的聚类），且如果用 O_{random} 替换 O_j 作为新聚类代表，而 p 更接近 O_{random}，那么就将 p 归类到 O_{random}（所代表的聚类）中。

图 2-1 描述了上述 k-medoids 聚类算法的四种主要处理情况。每次对对象进行重新归类，都会使得构成成本函数的方差 E 发生变化。因此，成本函数能够计算出聚类代表替换前后的方差变化。通过替换不合适的代表来使距离方差发生变化的累计就构成了成本函数的输出。若整个输出成本为负值，那么就用 O_{random} 替换 O_j，以便能够减少实际的方差 E。若整个输出成本为正值，那么就认为当前的 O_j 是可以接受的，本次循环就无须变动。

聚类质量是否改善采用一个成本函数进行评估，该函数构成如下：

$$\Delta E = E_2 - E_1 \tag{2-1}$$

其中，ΔE 代表均方差的变化，E_2 代表替换后所有数据对象与相应聚类中心的均方差之和，E_1 代表替换前所有数据对象与相应聚类中心的均方差之和。若 ΔE 是负值，代表聚类质量得到了改善，就替换掉该聚类代表，否则仍用原来的聚类代表。

k-medoids 算法的处理流程如下：

（1）从 n 个数据对象任意选择 k 个对象作为初始聚类（中心）代表。

（2）循环（3）到（5）直到每个聚类不再发生变化为止。

第二章 基于遗传算法和 k-medoids 算法相结合的聚类方法

（3）依据每个聚类的中心代表对象，以及各对象与这些中心对象距离，并根据最小距离重新对相应对象进行划分。

（4）任意选择一个非中心对象 O_{random}，计算其与中心对象 O_j 交换的整个成本。

（5）若 S 为负值则交换 O_{random} 与 O_j 以构成新聚类的 k 个中心对象。

PAM（围绕中心对象进行划分）方法是最初提出的 k-medoids 聚类算法之一。它在初始选择 k 个聚类中心对象之后，不断循环，对每两个对象（一个为非中心对象，一个为中心对象）进行分析，以便选择出更好的聚类中心代表对象。并根据每组对象分析计算所获得的聚类质量。若一个中心对象 O_j 被替换后导致方差迅速减少，那么就进行替换。对于较大的 n 与 k 值这样的计算的开销也非常大。

k-medoids 聚类算法比 k-means 聚类算法在处理异常数据和噪声数据方面更具鲁棒性。因为，与均值聚类相比，一个聚类中心的代表对象要较少受到异常数据或极端数据的影响。但是前者的处理时间要比后者更大，而且也需要用户事先指定所需聚类的个数 k。

第三节 基于遗传算法和 k-medoids 算法相结合的聚类方法

一、遗传算法的特点

遗传算法是一种随机搜索方法，在初始解生成以及选择、交叉与变异等遗传操作的过程中，均采用了随机处理方法。与其他搜索方法相比，遗传算法具有以下特点：

（1）遗传算法的搜索过程是从一群初始点开始搜索，而不是从单一的初始点开始搜索,这种机制可以有效跳出局部极值点。

(2)在求解问题时,遗传算法首先要选择编码方式,它直接处理的对象是参数的编码集而不是问题参数本身,搜索过程既不受优化函数连续性的约束,也没有优化函数导数必须存在的要求。

(3)遗传算法具有显著的隐并行性(Implicit Parallelism)。若遗传算法的每一代群体规模为 n,实际处理了大约 $O(n^3)$ 个模式,具有很高的并行性,因而具有很高的搜索效率。

(4)在所求解问题为非连续、多峰以及有噪声的情况下,能够以很大的概率收敛到最优解或满意解,因而具有较好的全局最优解求解能力。

(5)遗传算法在形式上简单明了,不仅便于与其他方法结合,而且非常适合于大规模并行计算,因此可以有效地用于解决复杂系统和优化问题。

(6)遗传算法具有很强的鲁棒性,其鲁棒性在大量应用实例中得到了充分的验证。

二、算法流程

遗传算法自产生后获得广泛的应用,已被证明是一种优良的优化算法,和 k-medoids 方法结合既可以很好地解决局部最优的问题,也可以很好地解决孤立点的问题,同时可以加快遗传算法的收敛速度,节约了时间成本。首先,随机产生遗传算法的第一代并开始选择,在每代进化中,都用 k-medoids 算法对每个被选择的个体进行进一步的优化。也就是说在每一代都要对所有被选中的个体计算以其为初始值的 k-medoids 算法的局部最优结果,并以这些局部最优结果替换掉原来的个体并继续进化,直到达到最大代数或者结果符合要求为止。

该算法流程如下:

（1）初始特征种群的生成。

（2）对初始种群进行选择。

（3）用 k-medoids 算法对选择出来的个体进行优化，并用优化后的个体代替原来的个体。

（4）对优化后的个体进行交叉、变异。

（5）终止条件判定。

三、对个体进行编码和初始种群的生成

1. 对个体进行编码

使用遗传算法，编码是要解决的首要问题，需要把问题的每一个解编码成为一个染色体。对于给定的问题，由遗传算法个体的表现型集合所组成的空间称为问题空间，由遗传算法基因型个体所组成的空间称为编码空间。由问题空间向遗传算法编码空间的映射称作编码（Encoding），而由编码空间向问题空间的映射称为译码（Decoding）。问题编码一般应满足以下三个原则。

（1）完备性（Completeness）：问题空间的所有点（潜在解）都能成为遗传编码空间的点（染色体位串）的表现型。

（2）健全性（Soundness）：遗传算法编码空间中的染色体位串必须对应问题空间中的某一潜在解。

（3）非冗余性（Non-redundancy）：染色体和潜在解必须一一对应。

De Jong 进一步提出了较为客观明确的编码评估准则，称之为编码原理。具体概括为两个原则：

（1）有意义建筑编码规则：编码应当易于生成与所求问题相关的短距和低阶的建筑模块。

（2）最小字符集编码规则：编码应采用最小字符集以使问题得

到自然、简单的表示和描述。

Holland提出的遗传算法是采用二进制编码来表现个体的遗传基因型的，它使用的编码符号集由二进制符号0和1组成，因此实际的遗传基因型是一个二进制符号串。后来又有了很多其他的编码方式，包括格雷码编码、实数编码、符号编码、参数级联编码和交叉编码等。

针对本书的实际问题，本书采用实数编码。染色体中实数的数量代表需要聚类的数量，每个实数代表数据集中的一个数据对象，该数据对象即为一个聚类中心，例如某个染色编码如下：（1，2，3，…，k），就代表需要将数据集划分为k个类，1，2，3，…，k就代表每一个类的聚类中心。k值的取值范围为$1 \leqslant k \leqslant n$，n为需要进行聚类的数据库中的数据的个数。

采用实数编码的理由如下：

（1）本书是以聚类的各个中心对象作为染色体（即种群中的个体）的基因片断，采用实数编码能够形象地体现个体中各个聚类中心对象的分布。

（2）显然实数编码比采用二进制编码时染色体中基因的个数要少得多，因此用实数编码可以极大地减少染色体的长度，提高遗传算法的收敛速度。

（3）实数编码比二进制编码在变异操作上能够保持更好的种群多样性，能够使得遗传算法更好地收敛于全局最优解。

（4）本书采用的实数编码符合编码原则的三个特性，即完备性、健全性、非冗余性。

2. 初始种群的生成

初始种群采用随机函数生成，形成一个初始种群矩阵，其中每一行代表一个个体，每一行中的每个元素代表一个聚类中心。矩阵的行数代表种群中个体的数目，列数代表需要聚类的数目。例如有一个数据库 DB1，其中有 100 个数据，要对其进行五类聚类，用实数进行编码生成初始种群。用随机函数生成初始种群矩阵如下：

$$\begin{pmatrix} 1 & 3 & 20 & 38 & 43 \\ 2 & 6 & 70 & 59 & 17 \\ 10 & 15 & 27 & 6 & 80 \\ 3 & 4 & 8 & 20 & 9 \\ 40 & 48 & 70 & 89 & 96 \end{pmatrix}$$

上式即为一个 5 行 5 列的种群矩阵，其表示的含义为：行数 5 表示该种群中有 5 个个体，列数 5 表示每个个体含有 5 个基因，也即需要聚类的类数。每一行中的每个数字代表的是其在数据库 DB1 中的序列数。例如第一行，(1　3　20　38　43) 表示以 DB1 中的第 1 个、第 3 个、第 20 个、第 38 个、第 43 个数据作为聚类的中心数据。矩阵中每个元素的取值范围为 [1，100]。

四、适应度函数的确定

遗传算法在进化搜索中基本不利用外部信息，仅以适应度函数（Fitness Function）为依据，利用种群中每个个体的适应度值来进行搜索。因此，适应度函数的选取至关重要，直接影响到对遗传算法的收敛速度以及能否找到最优解。一般而言，适应度函数是由目标函数变换而成的。对目标函数值域的某种映射变换称为适应度的尺度变换。

1. 适应度函数的设计

适应度函数设计主要应该满足以下条件：
（1）合理、一致性。要求适应度函数值反映对应解的优劣程度。
（2）计算量小。适应度函数设计尽可能简单，这样可以减少计算时间和空间上的复杂性，降低计算成本。

（3）通用性强。适应度函数对某类具体问题，应尽可能通用，最好无须使用者改变适应度函数中的参数。

2. 几种常见的适应度函数

适应度函数基本上有以下三种：

（1）直接以待求解的目标函数的转化为适应度函数，即：

若目标函数为最大化问题：

$$\mathrm{Fit}(f(x)) = f(x) \tag{2-2}$$

若目标函数为最小化问题：

$$\mathrm{Fit}(f(x)) = -f(x) \tag{2-3}$$

这种适应度函数简单直观，但存在两个问题：其一是可能不满足常用的轮盘赌选择中概率非负的要求；其二是某些待求解的函数值分布上可能相差较大，由此得到的平均适应度可能不利于体现种群的平均性能，影响算法的性能。

（2）若目标函数为最小化问题，则

$$\mathrm{Fit}(f(x)) = \begin{cases} c_{max} - f(x) & f(x) < c_{max} \\ 0 & \text{其他} \end{cases} \tag{2-4}$$

式中 c_{max} 为 $f(x)$ 的最大估计值。

若目标函数为最大值问题，则

$$\mathrm{Fit}(f(x)) = \begin{cases} f(x) - c_{min} & f(x) > c_{min} \\ 0 & \text{其他} \end{cases} \tag{2-5}$$

式中 c_{min} 为 $f(x)$ 的最小估计值。

这种方法是对第一种方法的改进，可以称为"界限构造法"，但有时存在界限值预先估计困难、不可能精确的问题。

（3）若目标函数为最小问题：

$$\mathrm{Fit}(f(x)) = \frac{1}{1 + c + f(x)} \quad c \geq 0, \ c + f(x) \geq 0 \tag{2-6}$$

若目标函数为最大问题：

$$\text{Fit}(f(x)) = \frac{1}{1+c-f(x)} \quad c \geq 0, \quad c-f(x) \geq 0 \quad (2-7)$$

这种方法与第二种方法类似，c 为目标函数界限的保守估计值。

3. 本书采用的适应度函数

本书采用均方差[138]作为适应度函数，定义如下：

$$E = \sum_{i=1}^{k} \sum_{p \in C_i} |p - m_i|^2 \quad (2-8)$$

其中，E 为所有数据对象与相应聚类中心的均方差之和，p 为代表对象的空间中的一个点，m_i 为聚类 C_i 的均值。本书所采用的适应度函数满足适应度函数设计所要求的几个主要条件。

五、选择算子的实现

遗传算法使用选择运算（或称复制运算）来实现对群体中的个体进行优胜劣汰操作：适应度高的个体被遗传到下一代群体中的概率大；适应度低的个体被遗传到下一代群体中的概率小。

本书采用锦标赛选择法（Tournament Selection），锦标赛选择的参数为竞争规模 Tour。其基本思想是每次选取几个个体之中适应度最高的一个个体遗传到下一代群体中。在锦标赛选择操作中，只有个体适应度之间的大小比较运算，而无个体适应度之间的算术运算，所以它对个体适应度是取正值还是负值无特别要求。

锦标赛选择法选择的具体操作过程如下：

（1）从群体中随机选取 N 个个体进行适应度大小的比较，将其中适应度最好的个体遗传到下一代群体中。

（2）将上述过程重复 M 次，就可以得到下一代群体中的 M 个个体。

例如，竞赛规模为3，随机选择了三个个体：个体1为（1 3 5 6 20），个体2为（2 9 30 50 100），个体3为（15 33 4 78 60），按公式（2-8）计算这三个个体的均方差值，如果个体2的均方差值最小则选择个体2作为父个体。

六、用k-medoids算法进行优化

用k-medoids算法对选择出来的个体进行优化，并用优化后的个体代替原来的个体。用k-medoids算法进行聚类一般只能得到局部最优解，但用其优化后的个体来代替原来的个体可以大大加速遗传算法的收敛速度，节约时间成本。

七、交叉算子的实现

所谓交叉运算，是指对两个相互配对的染色体按某种方式相互交换其部分基因，从而形成两个新的个体。交叉运算是遗传算法区别于其他进化算法的重要特征，它在遗传算法中起关键作用，是产生新个体的主要方法。由于需要聚类的数目一般不会很大，染色体长度不会很大，所以本书采用单点交叉。单点交叉又称为简单交叉，它是指在个体编码串中随机设置一个交叉点，然后在该点相互交换两个配对个体的部分基因。交叉率一般取值0.4~0.9。[123]

单点交叉中，交叉点k的范围为 [1，N var-1]，N var为个体变量数目，在该点为分界相互交换变量。

例如以下两个父个体的交换：

父个体1：　　1 3 5 7 9
父个体2：　　2 4 6 8 10

交叉点k的位置为2，交叉后生成的两个子个体如下：

子个体1：　　1 3 6 8 10

子个体2：　　　2　4　5　7　9

八、变异算子的实现

所谓变异运算，是指将个体编码串中的某些基因值用其他基因值来替换，从而形成一个新的个体。遗传算法中的变异运算是产生新个体的辅助方法，它是必不可少的一个运算步骤。变异本身是一种全局随机搜索，与选择算子结合在一起，保证了遗传算法的有效性，使遗传算法具有全局的随机搜索能力，同时使得遗传算法保持种群的多样性，以防止出现非成熟收敛。变异率一般取值0.001~0.1。[123]

第四节　仿真实验

笔者从本书写作时所使用的数据来源http：//www.ics.uci.edu/~mlearn/MLRepository.html中选取了两个数据库，分别定名Database1和Database2。为了验证本算法，特意加入了孤立点。Database1包含102个数据对象，每个数据对象包含16个属性，其中第102个数据为加入的孤立点；Database2包含179个数据对象，每个数据对象包含13个属性，其中第179个数据为加入的孤立点。本书采用k-均值算法、k-medoids算法和本书研究的新算法GAKME（GA-k-medoids）算法分别对这两个数据库进行了七类聚类分析。实验结果如表2-1所示，在k-medoids算法和GAKME中本结果只显示包含孤立点的类，其中的数字代表数据对象的序号。

表 2-1 分别用三种算法进行聚类分析的结果

	k-means 算法	k-medoids 算法	GAKME 算法
Database1	(25, 31, 40, 41, 43, 52, 73, 89, 98, 102)	(102)	(102)
均方差值	145.9	99.79	6.64
Database2	(4, 6, 7, 8, 15, 19, 59, 179)	(179)	(179)
均方差值	6642.2	5529.6	3053.4

从表 2-1 可以看出，在聚类时 k-均值算法无法把孤立点分离出来，而 k-medoids 算法和本书所提出的新方法 GAKME 都可以把孤立点分离出来。从衡量聚类效果的重要指标均方差值的大小来看，在存在孤立点时 k-medoids 算法比 k-均值算法要好。而新算法 GAKME 显然要好于前面这两种算法。

本章小结

k-medoids 算法是基于划分的聚类算法，与 k-均值算法相似，k-medoids 算法也需要给定一个聚类数目 k，随机创建一个初始划分，然后采用迭代方法通过将聚类中心不断移动来尝试着进行划分。与 k-均值不同的是，k-medoids 算法不是采用均值作为聚类中心，而是采用数据集中任意一个数据作为聚类，因此可以很好地解决 k-均值对孤立点敏感的问题，极大地提高聚类的精度。但是该方法受初始值影响很大，通常不能得到全局最优解。遗传算法是一种基于自然选择和遗传的随机优化算法，已被证明是一种非常好的全局优化算法。本章采用遗传算法和 k-medoids 算法相结合，既可以很好地解决局部最优的问题，也可以很好地解决孤立点的问题。同时，由于和 k-medoids 相结合，可以加快遗传算法的收敛速度，节约时间成本。

第三章 基于模式聚合和遗传算法的文本特征降维方法

第一节 引 言

当今时代是一个信息的产生、传播速度很快，信息的交流量日益增加的时代。根据 Forrest Research 的统计资料，80%以上数据是以非结构化的形式存在的，如文档、手册、E-mail、技术报告、专家陈述等。因此，文本挖掘应运而生，而文本分类是文本挖掘的一个重要组成部分，它在提高信息检索的速度和准确率方面显得意义重大。由于向量空间模型（VSM）具有较好的数据结构，因此是当前普遍采用的一种文本表示方法。因为几乎要对文本集中的每个词都赋予一个权重，从而使得文本向量具有非常高的维数，一般几千维或者上万维。这么高的维数一方面使现存的分类方法由于计算量过大无法直接应用，另一方面在这些高维数据中存在着大量的噪声数据和冗余数据，使得分类效果十分不理想。因此，维数约简成为文本分类中的一个核心问题。

本章提出了一种基于模式聚合和遗传算法的文本特征降维方法，并在此基础上采用有监督的 Kohonen 网络进行文本分类。首先利用模式聚合方法进行降维，模式聚合可以有效降低特征的维数，[142,143] 使得特征从几千维降为几百维，但几百维的维数对 Kohonen 网络来说仍然太高。所以，在此基础上，本书再采用遗传算法进行降维。遗传算法是一种优良的优化算法，已有人将此用于数据挖掘的降维中，[140] 但用于维数巨大的文本降维并不合适。本书将模式聚合和遗传算法结合，在用模式聚合进行降维的基础上，再用遗传算法进行优化降维，这样就可以充分发挥这两种方法的优势。在此基础上，本书再采用维数要求不太高的 Kohonen 网络进行分类。模式聚合和遗传算法的结合不仅可以大大降低文本空间的维数，而且也进一步提高了分类的精度。本书的遗传算法采用的编码方式中每一个染色体都用 0 和 1 表示，其中 0 和 1 的含义为：0 表示这个特征没被选用，1 表示这个特征被选用。例如：000110011010 表示第四、第五、第八、第九和第十一个特征被选用，用这几个特征进行分类，其他特征弃用，可以极大地降低维数。本书采用分类准确率作为适应度函数，可以保证有效特征被保留，而噪声和冗余特征被去除。

第二节 常用的文本特征降维方法及其缺点

常用的文本特征提取方法有如下三种：[143]

一、词条和类别的互信息（Mutual Information）法

词条和类别的互信息定义如下：

$$\mathrm{MI}(T, C_i) = \log\left(\frac{P(T|C_i)}{P(T)}\right) \tag{3-1}$$

式中，$P(T|C_i)$ 是 C_i 的条件概率，$P(T)$ 是 T 在整个训练集中

出现的概率。用互信息的方法，在某个类别 C_i 中的出现概率高，而在其他类别中的出现概率低的词条 T 将获得较高的词条和类别的互信息，也就可能被选取为类别 C_i 的特征。词条和类别的互信息体现了词条和类别的相关程度，互信息越大，词条和类别的相关程度也越大。

二、词条的期望交叉熵（Cross Entropy）法

词条的期望交叉熵定义如下：

$$CE(T) = \sum_i P(C_i|T) \log \frac{P(C_i|T)}{P(C_i)} \tag{3-2}$$

式中，$P(C_i|T)$ 表示 T 的条件概率，文本属于 C_i 的概率，$P(C_i)$ 是类别出现的概率。如果词条和类别强相关，也就是 $P(C_i|T)$ 大，且相应的类别出现概率又小的话，则说明词条对分类的影响大，相应的函数值就大，就很可能被选中作为特征项。交叉熵反映了文本类别的概率分布和在出现了某个特定词的条件下文本类别的概率分布之间的距离，词条 T 的交叉熵越大，对文本类别分布的影响也越大。

三、文本证据权（The Weight of Evidence for Text）法

文本证据权定义如下：

$$WE(T) = \sum_i P(C_i) \left| \log \frac{P(C_i|T)(1 - P(C_i))}{P(C_i)(1 - P(C_i|T))} \right| \tag{3-3}$$

式中，$P(C_i|T)$ 表示 T 的条件概率，文本属于 C_i 的概率，$P(C_i)$ 是类别出现的概率。文本证据权比较了类出现的概率和在给定特征下类出现的条件概率之间的差别。如果词条和类别强相关（$P(C_i|T)$ 大），并且相应类别出现的概率小，说明这时词条对分类的影响大，

计算出的函数值就大，可选取作为特征项。或者如果类别出现的概率大而词条又和类别弱相关（P(C_i|T) 小），说明这时词条对分类的影响小，计算出的函数值就小，不会被选取作为特征项。

但这三种方法都有其缺点，具体如下：词条和类别的互信息法忽略了类别中的文本量的多少对词条在每个类别中出现的比率的影响；词条的期望交叉熵和文本证据权法只考虑了各个特征在每个类别中的分布情况。

第三节 文本分类的预处理

一、文本的特征表示

中文文本分类模型首先将中文文档集分词、向量化，得到特征集合。然后用特征提取算法根据特征评价函数，从全部特征集中提取一个最优的特征子集。

中文文本通过分词处理将非结构化的数据转换成结构化的数据，可利用文本 VSM。VSM 模型的基本思想是对于文档集中的每一篇文章都将按照事先规定好的词序，表示为高维空间中的一个向量。规定好的词序的词看成是向量空间的维，词的权重看成是向量在高维向量空间中某一维的取值，这样一篇文章就被表示成为高维空间中的一个向量。VSM 的优点在于简单，不苛求语义方面的知识，同时便于计算。

该模型是将文本空间看作是由一组正交词条向量所组成的向量空间，每个文本 d 表示其中的一个规范化特征向量 V (d) = (t_1, w_1(d); …, t_i, w_i(d); …; t_n, w_n(d))，t_i 为文本 d 中的特征词；

$w_i(d)$ 为 t_i 在 d 中的权重，称 V(d) 为文本 d 的向量空间表示，$w_i(d) = \psi(tf_i(d))$。其中，ψ 采用 TF·IDF 函数，在实际应用中 TF·IDF 有很多公式，本书采用的公式为：

$$w_i(d) = \frac{(\log(tf_i) + 1.0) \times \log(N|n_i)}{\sqrt{\sum_{i=1}^{l}[(\log(tf_i) + 1.0) \times \log(N|n_i)]^2}} \tag{3-4}$$

式中，tf_i 表示特征词 t_i 在文本 d 中的词频，N 表示文本集中总的文本数，n_i 表示文本集中包含特征词 t_i 的文本数，l 表示在文本 d 中特征词的个数。

二、文本的降维处理

处理大量文本采用上述方法，文本的特征向量的维数会相当大，所以需要进行降维处理。降维的方法包括特征选取和特征抽取。常用的方法是首先计算每个词出现的频率，然后删除一些频率很高与很低的词，这些词往往是功能词。降维不但能加快聚类算法计算的速度，而且由于消除了冗余词还能提高分类结果的精度和避免过匹配问题。

第四节 模式聚合理论简介

模式聚合理论是基于这样的考虑：对分类贡献相近的词条特征归属于同一个模式，因此，聚合后的一个新模式将包含多个或一个特性词条，从而大大削减了文本向量的维数。

一、CHI 概率统计

CHI 的主要思想是认为词条与类别之间符合 χ^2 分布，χ^2 统计量的值越高，词条和类别之间的独立性越小、相关性越强，词条对这一类别的贡献越大。若用 T 表示词条，C 表示类别，$\overline{T}$ 则表示除了 T 之外的其他词条，$\overline{C}$ 就表示除了 C 之外的其他类别。χ^2 的具体公式如下：

$$\chi^2 = \frac{n(n_{11} \times n_{22} - n_{12} \times n_{21})^2}{(n_{11} + n_{12}) \times (n_{21} + n_{22}) \times (n_{11} + n_{21}) \times (n_{12} + n_{22})} \quad (3-5)$$

式中，n_{11}、n_{12}、n_{21} 和 n_{22} 分别表示词条 T 和类别 C 的 4 种共现情况的频数，这 4 种共现情况分别为 (T, C)，(T, $\overline{C}$)，($\overline{T}$, C) 和 ($\overline{T}$, $\overline{C}$)，且 $n = n_{11} + n_{12} + n_{21} + n_{22}$ 为总数，同时，要求 $n_{11} \times n_{22} > n_{12} \times n_{21}$，否则词条和类别之间就是相斥的关系。CHI 值的选取有以下定义：

$$Z_j = \sum_{i=1}^{s} \chi_{ji}^2 / S \quad (3-6)$$

或 $Z_j = \max\{\chi_{j1}^2, \chi_{j2}^2, \cdots, \chi_{js}^2\}$

式中，Z_j 表示词条 j 的 CHI 值，χ_{ji}^2 表示词条 j 在第 i 个类别中的 χ^2 统计量；S 表示类别的个数。

二、模式聚合

模式聚合就是将那些对分类贡献相同的初等模式（每一个词条在每一类中都有一个 χ^2 值，例如有 M 类，即 M 个 χ^2 值，则具有此 M 个 χ^2 值的词条即视为一个初等模式）聚合为一个新的模式，所得到的这些模式将代替原有初等模式用于分类操作，一个模式将代表一个或多个初等模式。因此，经过模式聚合后用于分类操作的模式数量将大大减少。

基于 CHI 概率统计理论,模式聚合的具体步骤如下:

(1)特征提取:应用特征提取理论选取 M 个特征词条,这 M 个特征词条满足条件:其 CHI 值 Z_j>阈值 θ,则由此所得词条矩阵具有 M 个初等模式。

(2)统计每个初等模式的 χ^2 值,设有 S 个类别,则每个初等模式都可达到 S 个 χ^2 值。将每个初等模式的 S 个 χ^2 值标示于"χ^2 统计值—类别"坐标图中,于是可以得到各个初等模式对分类贡献的分布曲线。

(3)将各个初等模式对分类贡献的分布曲线标准化。标准化的公式如下:

$$BZ_j = \chi_j^2/A \tag{3-7}$$

式中,BZ_j 表示某一初等模式标准化后的统计值;χ_j^2 表示此初等模式的实际统计值;A 表示由统计意义上得出的阈值。A 值的选取遵循如下公式:

$$\frac{P}{S \times M} > \lambda \tag{3-8}$$

式中,P 表示小于 A 的 χ^2 值的个数;S 表示类别个数;M 表示初等模式的个数;λ 可以取 60%、70%、80%、90%等值。

将标准化后具有相同分布曲线的初等模式聚类为同一个新的模式,这样将得到 L 个新模式,其中 L 远小于 M。[144]

第五节　基于遗传算法的文本特征提取方法

遗传算法自产生后获得广泛的应用,已被证明是一种优良的优化算法,并且已有人将此方法用于数据挖掘的维数约简中。但对于维数巨大的文本降维来说并不适用,经模式聚合降维后,可以充分发挥 GA 优化的优势,即以不太大的计算代价来优化特征的提取。利用遗传算法进行文本特征降维的方法的运算过程如下:

(1) 初始特征种群的生成。
(2) 计算种群中每一个染色体的适应度。
(3) 对初始种群进行选择、交叉、变异之后得到下一个种群。
(4) 终止条件判断。

一、对个体进行编码和初始种群的生成

编码是遗传算法要解决的首要问题。编码方法有很多,例如二进制编码、实数编码、符号编码等。针对本书的问题,最适合的编码方式为二进制编码。它具有下列一些优点:编码、解码操作简单易行;交叉、变异操作便于实现;符合最小字符集编码原则;便于利用模式定理对算法进行理论分析。其中,0 和 1 的含义为:0 表示这个特征没被选用,1 表示这个特征被选用。

初始种群采用随机函数生成,形成一个初始矩阵,其中每一行代表一个特征个体,每一行中的每个元素代表一个特征。矩阵的行数代表种群中个体的数目,列数代表文本集的特征维数。例如有一个文本集包含 5 个特征,种群数为 5,则可以生成如下的初始种群矩阵:

$$\begin{pmatrix} 0 & 1 & 1 & 0 & 0 \\ 1 & 0 & 0 & 1 & 1 \\ 0 & 1 & 0 & 0 & 1 \\ 1 & 1 & 1 & 1 & 0 \\ 0 & 0 & 0 & 1 & 1 \end{pmatrix}$$

上式即一个 5 行 5 列的种群矩阵,其表示的含义为:行数 5 表

示该种群中有 5 个个体，列数 5 表示每个个体含有 5 个基因，每一个基因位都代表一个特征，基因的值为 0 或 1，1 表示这个特征是有用的，0 表示这个特征是冗余的，可以不用。例如第一行（0 1 1 0 0）表示第二个和第三个特征是有效的特征，而第一个特征、第四个特征、第五个特征是无效的特征，可以去掉。

二、适应度函数的确定

适应度函数是用来评价个体优劣的一个重要依据，适应度函数设计得是否合适直接影响到进化的过程和最终的结果，是遗传算法中非常重要的一个环节。在本书中，对文本降维主要是为分类做预处理，因此本书的适应度函数 f 采用分类准确率，[145] 以此来评价每一个个体。显然分类准确率能够非常有效地体现所选取的特征是否是合适的。适应度函数公式如下：

$$f = \sum_{i=1}^{k} n_i / N \tag{3-9}$$

式中，k 表示类的数目，n_i 表示第 i 类中被正确分类的文本的篇数，N 表示总的文本数目。

三、特征种群的遗传操作

1. 选择算子的实现

遗传算法使用选择运算子（或称复制运算）来实现对群体中的个体进行优胜劣汰操作：适应度高的个体被遗传到下一代群体中的概率大，适应度低的个体被遗传到下一代群体中的概率小。本书采用轮盘赌选择法，其基本思想是：各个体被选中的概率与其适应度大小成正比。具体操作如下：

$$p(a_j) = \frac{f(a_j)}{\sum_{i=1}^{n} f(a_i)} \quad (j = 1, 2, \cdots, n) \tag{3-10}$$

式中，$p(a_j)$ 表示第 j 个个体被选中的概率，$f(a_j)$ 表示第 j 个个体的适应度函数值，n 指个体数。具体步骤如下：

（1）计算出群体中每个个体的适应度的大小。

（2）根据公式（3-10）计算出每个个体被遗传到下一代群体中的概率。

（3）根据计算出的每个个体被遗传到下一代群体中的概率计算出每个个体的累积概率。

（4）在 [0, 1] 区间内产生一个随机数。

（5）根据产生的随机数选择对应的个体。

（6）重复选择直至选出足够的个体。

轮盘赌选择法示例如下：

假如有 10 个个体，每一个个体的适应度函数值已被计算出来，然后根据公式（3-10）可以计算出每一个个体被遗传到下一代的概率，然后计算每个个体的累计概率，其结果用表 3-1 表示。

表 3-1 轮盘赌选择法的选择概率计算

个体	适应度	选择概率	累计概率
1	2.0	0.18	0.18
2	1.8	0.16	0.34
3	1.6	0.15	0.49
4	1.4	0.13	0.62
5	1.2	0.11	0.73
6	1.0	0.09	0.82
7	0.8	0.07	0.89
8	0.6	0.06	0.95
9	0.4	0.03	0.98
10	0.2	0.02	1.00

计算出累计概率后，即可产生一个［0，1］的随机数，假如产生的是 0.17，显然是在 0~0.18，则第一个个体被选中。然后重复选择直到选出足够的个体为止。

2. 交叉算子的实现

所谓交叉运算，是指对两个相互配对的染色体按某种方式相互交换其部分基因，从而形成两个新的个体。交叉运算是遗传算法区别于其他进化算法的重要特征，它在遗传算法中起关键作用，是产生新个体的主要方法。本书采用单点交叉，单点交叉又称为简单交叉，它是指在个体编码串中随机设置一个交叉点，然后在该点相互交换两个配对个体的部分基因。交叉率一般取值 0.4~0.9。[123]

例如以下两个父个体的交换：

  父个体 1： 0 0 0 1 1

  父个体 2： 1 1 1 0 0

交叉点 k 的位置为 1，交叉后生成两个子个体如下所示：

  子个体 1： 1 0 0 1 1

  子个体 2： 0 1 1 0 0

3. 变异算子的实现

所谓变异运算，是指将个体编码串中的某些基因值用其他基因值来替换，从而形成一个新的个体。遗传算法中的变异运算是产生新个体的辅助方法，但它是必不可少的一个运算步骤，因为它决定了遗传算法的全局搜索能力。交叉运算和变异运算的相互配合，共同完成对搜索空间的全局搜索和局部搜索。变异率一般取值 0.001~0.1。[123]

变异示例如下：假如随机选择了一个个体：1 0 0 1 1，对其进行变异。首先要随机产生一个［1，5］的整数，假如是 3，则把 3 所对应的基因值 0 变为 1，这样就产生了一个新的个体：1

0　1　1　1，即完成了变异。

第六节　基于模式聚合和遗传算法的文本特征降维方法

本书采用模式聚合和遗传算法相结合的方法进行降维，其算法步骤如下：

（1）对文档进行预处理；

（2）采用模式聚类方法将文本特征降至上百维；

（3）采用遗传算法对降维以后的文本特征继续降维，其算法步骤见本章第五节。

第七节　仿真实验

本书选取了 5 类共 800 篇文章作为实验数据（试验数据来自 http：// www.lib.tju.edu.cn）。这 5 类分别为财政金融、航空航天、环境科学、建筑材料、冶金工业。其中，480 篇被作为训练样本，320 篇被作为测试样本。这些短文经过分词处理和特征提取后选出 5116 个特征词条。

一、实验一

首先不进行降维，只采用有监督的 Kohonen 网络进行分类，由于维数巨大，所以在实验中网络训练太慢，而且分类准确率不高。

测试结果如表 3-2。

表 3-2 基于 Kohonen 网络的文本分类结果

	航空航天	财政金融	环境科学	建筑材料	冶金工业
错误篇数	19	10	20	25	27
正确篇数	45	54	44	39	37
分后文章总数	67	65	66	60	62
正确率（%）	67.1	83.1	66.7	65.0	59.6
召回率（%）	70.3	84.4	68.7	60.9	57.8

二、实验二

采用模式聚合法将特征降至 240 维，然后利用有监督的 Kohonen 网络进行分类，训练时间缩短，分类精确率提高，实验结果如表 3-3。

表 3-3 基于模式聚合和 Kohonen 网络的文本分类结果

	航空航天	财政金融	环境科学	建筑材料	冶金工业
错误篇数	11	6	12	19	21
正确篇数	53	58	52	45	43
分后文章总数	66	65	68	59	62
正确率（%）	80.3	89.2	76.5	76.3	69.4
召回率（%）	82.8	90.6	81.3	70.3	67.2

三、实验三

在模式聚合降维基础上采用遗传算法继续降维，可降至 48 维。然后利用有监督的 Kohonen 网进行分类，训练时间更为缩短，分类准确率更加提高。测试结果如表 3-4。

表 3-4 基于模式聚类、遗传算法和 Kohonen 网络的文本分类结果

	航空航天	财政金融	环境科学	建筑材料	冶金工业
错误篇数	7	4	9	13	16
正确篇数	57	60	55	51	48
分后文章总数	64	67	63	65	61
正确率（%）	89.1	89.6	87.3	78.5	78.7
召回率（%）	89.1	93.8	85.9	79.7	75.0

通过以上实验结果可以得到以下结论：

（1）应用模式聚合理论可以大大降低向量的维数，从而提高了分类的速度和精度，但向量空间维数仍然较高。

（2）遗传算法虽是一种极为有效的优化算法，但是因为文本维数太高，用来进行文本降维并不合适。但它和模式聚类方法相结合，正好可以发挥二者的优势，大大降低向量的维数，并提高分类的速度和精度。

本章小结

文本分类是文本挖掘的一个重要的内容，而由于文本的维数巨大使得文本降维成为文本分类中的一个关键问题。本书提出一种基于模式聚合和遗传算法的文本降维方法。应用模式聚合理论可以有效降低文本的维数，但是文本向量空间的维数仍然很高，因此在用模式聚合降维的基础上再采用遗传算法进行降维。二者结合，可以充分发挥两种算法的优越性，有效降低空间的维数，提高了分类的精度和速度。

第四章 基于潜在语义索引和遗传算法的文本特征降维方法

第一节 引 言

随着时代的发展，越来越多的数据以非结构形式的文本方式体现。显然，人们要得到自己需要的信息就必须对这些文本进行分析研究，于是文本挖掘便应运而生。文本分类可以使得人们能够更好地把那些自己感兴趣的文本集中在一起，极大缩短人们的搜索时间，具有很大的应用价值，是文本挖掘中一个很重要的研究内容。但是由于文本的维数一般都有几千维，甚至上万维，这就造成了两个难题：一是这么高的维数使得现存的分类方法由于计算量过大无法直接应用；二是在这些高维数据中存在着大量的噪声数据和冗余数据，使得分类效果十分不理想。因此，维数约减成为文本分类中的一个关键问题。

降维是文本分类的预处理，传统的文本分类算法有：贝叶斯分类算法（Nalve Bayesian Classifier）、K-最邻近分类算法（K-Nearest Neighbor）和神经网络分类算法等。这些分类算法都是基于VSM，根据计算文本向量间的距离决定其归属。由于这些算法未能考虑到向量模型中各特征向量间相互影响关系，分类精度不是很理想。事实上构成 VSM 的词条集合并不能完全、准确地反映文本的内容即文本的语义。利用潜在语义索引（Latent Semantic Analysis，LSI）进行降维不但可以去除噪声和冗余数据，而且可以将语义关系体现在 VSM 中。[151,146]

遗传算法是一种非常好的优化算法，已有人将此用于数据挖掘的降维中，[140]但用于维数巨大的文本降维并不合适。本书将 LSI 和 GA 结合，在 LSI 降维的基础上（一般可降至数百维），再用 GA 进行优化降维（可降至数十维），这样就可以充分发挥这两种方法的优势。在此基础上，本书再采用维数要求不能太高的有监督的 Kohonen 网络进行分类。LSI 和 GA 的结合不仅可以大大降低文本空间的维数，而且也进一步提高了分类的精度。本书的遗传算法采用编码中每一个染色体都用 0 和 1 表示，其中 0 和 1 的含义为：0 表示这个特征没被选用，1 表示这个特征被选用。例如：10100111001 表示第一、第三、第六、第七、第八和第十一个特征被选用，用这几个特征进行分类，其他特征弃用，可以极大地降低维数。本书采用分类准确率作为适应度函数，可以保证有效特征被保留，而噪声和冗余特征被去除。

第二节　向量空间模型

向量空间模型是由 Salton 等在 20 世纪 60 年代提出来的，并在著名的 Smart 系统中实现。在向量空间模型中，每一个文档 d_i 都被表示为一组规范化正交词条矢量所组成的空间向量的一个点，即形式化为 n 维空间中的向量，形如：$d_i = (T_{i1}, W_{i1}; T_{i2}, W_{i2}; \cdots; T_{in}, W_{in})$ 其中 T_{ik} 为特征项词条，W_{ik} 为特征项词条的权重。该向量中的每一维的值表示了该词在文档中的权重。权值越大，表示该词越

能反映 d_i 的内容;权值越小,则该词反映 d_i 的能力就越差。权值的取值范围是 [0,1]。文档信息的表示与匹配问题就转化为空间向量的表示与匹配问题了。

向量空间模型具有如下优点:

(1) 文档内容被形式化到多维空间中的一个点,通过向量形式给出,将文档以向量的形式定义到了实数域中,提高了自然语言文档的可计算性和可操作性。

(2) 为词引进了权值,通过调节词的权值的大小来反映词与文档的相关程度,克服了部分传统布尔模型的缺陷。

(3) 满足了用户需求多样化的需要,用户可以根据需求特点选择一组可供使用的匹配手段。

向量空间检索存在的缺点:

(1) 相似度计算量大,影响系统速度。

(2) 标引词的权值较难确定。

(3) 对标引词的相互独立的假设有时不符合实际情况。

第三节 隐含语义分析理论简介

隐含语义分析理论 (LSA) 可看作一种扩展的向量模型,利用统计计算导出文本中隐含的语义,而不是表面上的词的匹配。LSA 基于文本库中存在隐含的关于词使用的语义结构,这种结构由于部分地被文本中词的语义和形式上的多样性所掩盖而不明显。通过对原文档中词-文档矩阵的奇异值分解计算,并取前 k 个最大的奇异值对应的奇异向量构成一个新的矩阵来近似地表示原文本库的词-文本矩阵,再对此矩阵进行相关的文本处理操作。[147-149]

一、词条矩阵

在 LSA 模型中,一个文本集可以表示为一个 $q \times m$ 的词条矩阵 D,m 表示文本集中的文本数,q 表示文本集中包含的所有不同的词条个数,每一个不同的词对应于矩阵 D 的一行,而每一个文档对应于矩阵 D 的一列,D 表示为:

$$D = |d_{ij}|_{q \times m} \tag{4-1}$$

式中,d_{ij} 为非负值,表示第 j 个文档中第 i 个词的权重值。d_{ij} 的计算采用 TF·IDF 方法,计算公式如下:

$$d_{ij} = \frac{tf_{ij} \times \log_2(M/m_i + 0.01)}{\sqrt{\sum_{j=1}^{M} (tf_{ij} \times \log_2(M/m_i + 0.01))^2}} \tag{4-2}$$

式中,tf_{ij} 为第 j 个文档中第 i 个词出现的频度,M 为文本集的文本总数,m_i 为含有词条 i 的文本个数。

二、奇异值分解

奇异值分解将给定的词条矩阵 D 进行分解得:

$$D = T_0 S_0 P_0^T \tag{4-3}$$

式中,T_0 是 $q \times h$ 矩阵,称其标准正交列为左奇异向量,S_0 是 $h \times h$ 的对角阵,P_0 是 $c \times h$ 矩阵,P_0 的标准正交列称为右奇异向量,h 是矩阵 S_0 的秩,S_0 中的正奇异值是以递减的顺序排列的。

LSA 技术的关键在于只取矩阵 S_0 的 k 个奇异值,其他的值置 0,k 是一个设置参数。原始矩阵 D 可近似表示为:

$$\hat{D} = TSP^T \tag{4-4}$$

式中,T 是具有标准正交列的 $q \times k$ 矩阵,S 是一个 $k \times k$ 的对角阵,P 也是具有标准正交列的 $c \times k$ 矩阵。

式（4-4）中 $\hat{D}$ 近似表示词条矩阵 D，T 和 P 分别作为词向量和文本向量，这样处理后，便克服了文本中用词的多样性所掩盖的文本的语义结构，一方面削减了原词条矩阵中包含的"噪声"因素，从而更加突出了词和文本之间的语义关系，另一方面使得词、文本向量空间大大缩减，因而可以提高文本分类效率。

三、k 秩近似矩阵的选取

根据隐含语义分析理论，矩阵 P 的行向量体现了原文本向量，k 的选取直接影响到文本分类的精度和速度。应用因子分析理论和具体实验来讨论 k 值的选取，是依据给定的阈值 e 选取前 k 个最大主因子，即选取的主因子的信息量与总体信息量的比例，满足下式：

$$S_0 = \begin{bmatrix} \lambda_1 & 0 & \cdots & 0 \\ 0 & \lambda_2 & \cdots & 0 \\ 0 & 0 & \cdots & 0 \\ \vdots & \vdots & \vdots & \vdots \\ 0 & 0 & \cdots & \lambda_h \end{bmatrix} \tag{4-5}$$

其中 $\lambda_1, \lambda_2, \cdots, \lambda_h$ 为主因子，即：

$$\frac{\sum_{j=1}^{k} \lambda_j}{\sum_{i=1}^{h} \lambda_i} \geq e \tag{4-6}$$

其中，e 可以取 60%、64%、70%、84%、90% 和 94% 等值。根据 e 的取值，即可确定 k 的值。考虑到向量运算的响应速度和存储空间的限制，k 值一般在 100~300。[150]

因此，应用 LSA 理论处理后的文本集向量空间具有以下优点：

一是向量空间中每一维的含义发生了很大的变化，它反映的不再是词条的简单出现频度和分布关系，而是强化的语义关系；二是向量空间的维数大大降低，可以有效地提高文本集的聚类速度。

第四节 基于遗传算法的文本特征降维方法

基于自然进化的遗传算法是一种非常有效的全局优化算法，自其产生后已在很多领域得到了应用，取得了良好的效果。已有人在数据挖掘的维数约简中使用了遗传算法，但对于维数巨大的文本降维来说并不太实用。本书采用 LSI 和遗传算法相结合进行降维，经 LSI 降维后，可以充分发挥 GA 优化后的优势，即以不太大的计算代价来优化特征的约简。利用遗传算法进行文本特征抽取的约减的运算过程如下：

（1）产生初始种群；
（2）对种群中的每一个个体计算其适应度；
（3）对初始种群进行选择、交叉、变异算子之后得到下一个种群；
（4）终止条件判断。

一、对个体进行编码和初始种群的生成

在遗传算法的运行过程中，它不对所求解问题的实际决策变量直接进行操作，而是对表示可行解的个体编码施加选择、交叉、变异等遗传运算，通过这种遗传操作来达到优化的目的。这是遗传算法的特点之一。遗传算法通过这种对个体编码的操作，不断搜索出适应度较高的个体，并在群体中逐渐增加其数量，最终寻求出问题的最优解或近似最优解。在遗传算法中如何描述问题的可行解，即

把一个问题的可行解从其解空间转换到遗传算法所能处理的搜索空间的转换方法就称为编码。本书是对文本特征进行降维,二进制编码是最合适的编码方式,它具有下列一些优点:编码、解码操作简单易行;交叉、变异操作便于实现;符合最小字符集编码原则;便于利用模式定理对算法进行理论分析。其中,0 和 1 的含义为:0 表示这个特征没被选用,1 表示这个特征被选用。

初始种群采用随机函数生成,形成一个初始矩阵,其中每一行代表一个特征个体,每一行中的每个元素代表一个特征。矩阵的行数代表种群中个体的数目,列数代表文本集的特征维数。

编码以及初始种群的示例可见第三章,这里不再赘述。

二、适应度函数的确定

在研究自然界中生物的遗传和进化现象时,生物学家使用适应度这个术语来度量某个物种对于其生存环境的适应程度。对生存环境适应程度较高的物种将有更多的繁殖机会;而对生存环境适应程度较低的物种,其繁殖机会就相对较少,甚至会逐渐灭绝。与此相类似,遗传算法中也使用适应度这个概念来度量群体中各个个体在优化计算中有可能达到或接近于或有助于找到最优解的优良程度。适应度较高的个体遗传到下一代的概率就较大;而适应度较低的个体遗传到下一代的概率就相对小一些。度量个体适应度的函数称为适应度函数(Fitness Function)。本书的文本降维主要是为分类做预处理,因此本书的适应度函数 f 采用分类准确率,[145]以此来评价每一个个体,即:

$$f = \sum_{i=1}^{k} n_i / N \qquad (4-7)$$

式中,k 表示类的数目,n_i 表示第 i 类中被正确分类的文本的篇数,N 表示总的文本数目。

三、特征种群的遗传操作

1. 选择算子的实现

在生物的遗传和自然进化过程中,对生存环境适应程度较高的物种将有更多的机会遗传到下一代;而对生存环境适应程度较低的物种遗传到下一代的机会就相对较少。模仿这个过程,遗传算法使用选择算子(或称复制算子,Reproduction Operator)来对群体中的个体进行优胜劣汰操作:适应度较高的个体被遗传到下一代群体中的概率较大;适应度较低的个体被遗传到下一代群体中的概率较小。遗传算法中的选择操作就是用来确定如何从父代群体中按某种方法选取哪些个体遗传到下一代群体中的一种遗传运算。

比例选择方法是一种回放式采样的方法。其基本思想是:各个体被选中的概率是与其适应度大小成正比。轮盘赌选择法是基于比例选择法的一种选择方法,在遗传算法中是很常用的一种选择方法。其具体运算步骤见第三章。

2. 交叉算子的实现

在生物的自然进化过程中,两个同源染色体通过交配而重组,形成新的染色体,从而产生出新的个体或物种。交配重组是生物遗传和进化过程中的一个主要环节。模仿这个环节,在遗传算法中也使用交叉算子来产生新的个体。遗传算法中的所谓交叉运算,是指对两个相互配对的染色体按某种方式相互交换其部分基因,从而形成两个新的个体。交叉运算是遗传算法区别于其他进化算法的重要特征,它在遗传算法中起着关键作用,是产生新个体的主要方法。交叉算子的设计和实现与所研究的问题密切相关,一般要求它既不要太多地破坏个体编码串中表示优良性状的优良模式,又要能够有

第四章　基于潜在语义索引和遗传算法的文本特征降维方法

效地产生出一些较好的新个体模式。本书采用单点交叉，单点交叉又称为简单交叉，它是指在个体编码串中随机设置一个交叉点，然后在该点相互交换两个配对个体的部分基因。交叉率一般取值0.4~0.9。[123]

3. 变异算子的实现

在生物的遗传和自然进化过程中，其细胞分裂复制环节有可能会因为某些偶然因素的影响而产生一些复制差错，这样就会导致生物的某些基因发生某种变异，从而产生出新的染色体，表现出新的生物性状。虽然发生这种变异的可能性比较小，但它也是产生新物种的一个不可忽视的原因。模仿生物遗传和进化过程中的这个变异环节，在遗传其法中也引入了变异算子来产生出新的个体。遗传算法中的所谓变异运算，是指将个体染色体编码串中的某些基因座上的基因值用该基因座的其他等位基因来替换，从而形成一个新的个体。交叉运算和变异运算相互配合，共同完成对搜索空间的全局搜索和局部搜索。变异率一般取值0.001~0.1。[123]

第五节　基于潜在语义索引和遗传算法的文本特征降维方法

本书采用潜在语义索引和遗传算法相结合的方法进行降维，其算法步骤如下：

（1）对文档进行预处理；

（2）采用潜在语义索引方法将文本特征降至数百维；

（3）采用遗传算法对降维以后的文本特征继续降维，其算法步骤在本章第四节已有详述。

第六节 仿真实验

本书选取了 5 类共 800 篇文章作为实验数据（试验数据来源于 http://www.lib.tju.edu.cn）。这五类分别为财政金融、航空航天、环境科学、建筑材料、冶金工业。其中 480 篇作为训练样本，320 篇作为测试样本。这些短文经过分词处理和特征提取后选出 5116 个特征词条。

一、实验一

首先不进行降维，只采用有监督的 Kohonen 网络进行分类，由于维数巨大，所以在实验中网络训练太慢，而且分类准确率不高。测试结果如表 4-1 所示。

表 4-1 基于 Kohonen 网络的文本分类结果

	航空航天	财政金融	环境科学	建筑材料	冶金工业
错误篇数	19	10	20	24	27
正确篇数	45	54	44	39	37
分后文章总数	67	65	66	60	62
正确率（%）	67.1	83.1	66.7	65.0	59.6
召回率（%）	70.3	84.4	68.7	60.9	57.8

二、实验二

采用 LSI 方法进行降维，对词—文档矩阵进行奇异值分解，k 取 300。然后利用有监督的 Kohonen 网络进行分类，可以看出训练

第四章 基于潜在语义索引和遗传算法的文本特征降维方法

时间大为缩短，而且分类准确率提高。测试结果如表4-2所示。

表4-2 基于LSI和Kohonen网络的文本分类结果

	航空航天	财政金融	环境科学	建筑材料	冶金工业
错误篇数	15	6	17	22	24
正确篇数	49	58	47	42	40
分后文章总数	66	65	67	59	63
正确率（%）	74.2	89.2	70.1	71.2	63.5
召回率（%）	76.6	90.6	73.4	65.6	62.5

三、实验三

在LSI方法降至300维的基础上，采用遗传算法继续降维，可降至43维。然后利用有监督的Kohonen网络进行分类，训练时间更为缩短，分类准确率更加提高。测试结果如表4-3所示。

表4-3 基于LSI和GA以及Kohonen网络的文本分类结果

	航空航天	财政金融	环境科学	建筑材料	冶金工业
错误篇数	5	3	8	15	17
正确篇数	59	61	56	49	47
分后文章总数	67	66	65	60	62
正确率（%）	88.1	92.4	86.2	81.6	75.8
召回率（%）	92.2	95.3	87.5	76.6	73.4

从以上三表可以看出：

（1）应用潜在语义索引理论，将隐含语义体现于向量空间中，并通过奇异值分解大大降低向量的维数，从而提高了分类的速度和精度，但向量空间维数仍然较高。

（2）遗传算法虽是一种极为有效的优化算法，但是因为文本维数太高，用来降维并不合适。但和潜在语义索引方法相结合，正好可以发挥二者的优势，大大降低向量的维数，并提高分类的速度和精度。

本章小结

文本分类具有广泛的应用,是文本挖掘的核心内容之一,但是由于文本维数的巨大(一般几千维或上万维),使得一些分类算法在进行文本分类时面临很大的困难,因此文本维数的约减成为文本分类的关键问题。隐含语义分析理论可看作为一种扩展的向量模型,利用统计计算导出文本中隐含的语义,而不是表面上的词的匹配。LSI 通过对原文档中词–文档矩阵的奇异值分解计算,并取前 k 个最大的奇异值对应的奇异向量构成一个新的矩阵来近似地表示原文本库的词–文本矩阵,可以大大降低文本的维数。但降维后的文本维数仍然很高,在此基础上再用 GA 进行优化降维,这样就可以充分发挥这两种方法的优势,有效降低文本的维数。实验分析验证了本书方法的有效性。

第五章 基于社会演化算法的聚类新方法

第一节 引 言

聚类是一个将数据集划分为若干组或类的过程，并使得同一个组内的数据对象具有较高的相似度，而不同组中的数据对象则是不相似的。相似或不相似的度量通常是利用距离进行描述的。聚类具有广泛的应用，是数据挖掘的一个重要研究领域。

基于划分的 k-均值聚类算法是目前聚类分析中应用非常广泛的算法。k-均值算法需要给定一个聚类数目 k，随机创建一个初始划分，然后采用迭代方法通过将聚类中心不断移动来尝试着进行划分。但 k-均值算法受初始值影响很大，通常只能以局部最优结束，很难找到全局最优解。

遗传算法是基于自然选择和遗传规律的一种全局搜索方法，是随机选择和适者生存理论的结合。群体中的强者拥有更大的机会将其基因传给后代。遗传算法自产生后获得广泛的应用，已被证明是一种优良的优化算法。本书参考文献［112］中将遗传算法和 k-均值结合进行聚类取得了良好的效果。该算法首先随机产生遗传算法的第一代并开始进化，在每代进化中都用 k-均值方法对每个个体进行进一步优化,这相当于在每一代都要对所有个体计算以其为初始值的 k-均值问题的局部最优结果,并把这些局部最优结果替换掉原来的个体并继续进化,直到达到最大代数或者结果符合要求为止。

该算法虽然能够发挥遗传算法全局搜索的优点,克服 k-均值局部搜索的局限,但该算法由于每一代都要用 k-均值对每个个体进行优化使得算法效率降低很多。

认知科学的研究是认知工程实践的科学背景和理论基础,认知科学研究所取得的重大成果往往对认知工程的实践具有重要指导意义。认知科学研究包括个体认知和社会群体认知两大方向。几十年来,关于个体认知的研究已经取得了众多的成果并获得了广泛的应用;而关于社会群体认知的研究近些年才作为认知科学研究的一个分支,在学术界引起了越来越多的重视。

对群体智能的关注最早来源于人工智能的研究领域,相关的研究成果包括广为人知的遗传算法、后期出现的蚁群算法以及多主体系统。虽然这些研究最早不是出于社会群体认知研究的初衷,但提出了群体智能的概念,向人们展示这样一幅诱人的前景,即通过一群具有社会结构的简单智能体之间的交互作用,从这个群体的整体来看,同样可能表现出某些复杂的智能现象和智能行为,而不必要设计专用的、非常复杂的单一智能体来完成同样的任务。

随着社会群体认知的研究逐渐演变成一个单独的学科门类,其研究对象也从蚁群这样的低级智能群体转向具有高级智能的哺乳动物社会群体,主要的研究内容包括其社会的内部结构,组织形式以及社会演化等。在人工智能研究时代,各种群体智能方法的一个主要用途是解决各种工程组合优化问题并表现出了良好的性能。本章将其应用于数据挖掘的聚类当中,研究其在聚类中的作用。

社会演化算法(Social Evolutionary Programming,SEP)就是基于社会群体认知基础上的全局搜索算法,[141,152] 目前主要应用于解决组合优化问题,用于数据聚类还未见有人研究。本书提出一种新的 SEP(在本书中仍然叫做社会演化算法),在该算法中首次提出了认知主体在聚类中对范式学习的方式,并将其和 k-均值算法相结合。新的聚类算法能够克服遗传算法和 k-均值算法相结合所带来的效率问题,大大提高聚类的效率。

第二节 社会演化算法与传统遗传算法寻优机制的比较

社会演化算法是建立在社会认知模型之上的一种算法。SCM 的参照系统是人类社会,所以该模型的组织结构与人类社会本身有许多相似之处。与人类社会由大量个体构成相似,SCM 由许多认知主体(Cognitive Agent)构成。一个认知主体就是一个具有一定简单的推理、决策等认知能力的人工系统。每一个认知主体都有独立的认知能力,经过一系列认知行为后可以得到一个局部最优解。

建立在这个模型基础上的 SEP 的思想基础是库恩的范式转换理论。库恩于 1962 年出版的《科学革命的结构》(The Structure of Scientific Revolutions)一书中,对科学革命提出了统一的理解。库恩认为:科学发展过程的实质就是"范式转换"(Paradigm Transitions)。"范式"是一种被普遍接受的模式,科学主要任务就是通过实验和研究来扩大和完善一定的理论范式。如果在这个过程中,由现有理论范式得出的预言和实际之间出现不匹配,现有理论范式的可靠性将受到怀疑。最初现有理论范式总是试图通过对自身的修补解决其所面临的困难,避免被否定,后来随着大量反常的出现,最终导致某种可以解释所有反常的新的理论范式取代现有理论范式,这就是范式转换。库恩革命性的思想改变了人们对于科学发展历史和哲学的传统的认识。现在,库恩的理论已经逐渐渗透到了如政治、经济、社会以至商业管理等众多学科领域中,并为越来越多的人所理解和接受。实际上,如果将范式转换这一概念从科学发展史中扩展到整个社会发展史中,可以发现范式转换同样可以粗框架地阐释人类社会发展变迁的一些规律。人类社会的日常活动正是对于现有范式的继承与突破这样一种辩证统一的创造性活动。

社会演化算法的思想基础是库恩的范式转换理论,传统的遗传算法的思想基础是达尔文的进化论,这两种方法各自的寻优机制也是分别建立在这两种不同的思想基础上的。传统遗传算法的寻优机制是基于"选择、交叉、变异"等一系列对编码的操作,而SEP的寻优机制则是基于范式的确立与更新以及认知主体对范式进行学习的一系列智能认知行为。这两种寻优机制都属于进化优化,在方法体系上有一定相通之处,即都是基于群体进化、优胜劣汰的思想,在具体技术手段上也能找出某些对应关系,但这两种寻优机制还是存在本质上的差异。

表 5-1 社会演化算法和遗传算法寻优机制的比较

社会演化算法	传统遗传算法
认知主体动态认知过程的记录	静态的编码
认知主体对范式继承过程中隐含相应的,但更灵活、高效的操作	选择
	交叉
认知主体的叛逆行为	变异
最优范式的强化与衰减(强化局部搜索能力)	无

表 5-1 给出了社会演化算法和遗传算法寻优机制的比较。由此表可以看出社会演化算法和遗传算法各自认知机制的对应关系以及本质的不同表现在以下几个方面:

(1)社会演化算法与传统遗传算法中都可以采用具有某种含义的"编码串"的形式,但有本质的不同。在传统遗传算法中,所有的遗传操作都是针对编码串进行的，其基本思路是由编码空间中的点映射到问题解空间中的点；而社会演化算法是直接对问题本身进行操作的，编码串只是认知主体一系列认知行为的记录，其基本思路是将问题解空间中的点映射到编码空间中的点。

（2）传统遗传算法中的"选择"和"交叉"这两种操作合起来的作用是复制优良个体的基因片断，也就是试图继承上一代群体中的优良信息，相应的这部分寻优机制在社会演化算法中则是在"认知主体对范式继承的过程中隐含的"。所有的范式都是一些优良的认知主体的行为记录。一个新的认知主体在其对范式进行继承的认知行为过程中，选择某个范式后，经智能分析，选取该范式原对应认知主体的某一些合理的认知行为进行模仿，这个过程的根本目的也是继承优良信息。虽然这两种机制的根本目的是一致的，但它们之间仍然有本质的不同：

第一，传统遗传算法中，优良基因的传播是一代传给一代的，不能隔代遗传。而范式的存在是不受"代"的限制，直到被更好的范式所替换为止。因此社会演化算法中优良信息的传播是持续而稳定的。

第二，传统遗传算法中个体所继承的基因只是来源于上一代群体中的两个个体，而社会演化算法则没有这个限制，认知主体可以继承多个，甚至所有范式的优良信息。结合前面关于隔代遗传的内容，可以看出社会演化算法中的优良信息传播是超越"空间"（两个个体）和"时间"的限制的。

第三，传统遗传算法中新个体对优良信息的继承是被动的，只是双亲个体基因的一种随机重组。如果存在"不相容约束"，这种随机的基因重组很可能出现双亲个体基因片断不匹配（不能满足不相容约束）的情况。社会演化算法则不同，从认知主体的角度看，认知主体的所有行为都是主动地选择，而非被动地接受。认知主体的每一步认知行为都是经过分析和推理后，做出的合理的行为选择。因此,"认知主体对范式继承的认知行为"的寻优机制与"双亲个体基因匹配"的寻优机制相比,前一种机制在对优良信息继承这一现象的背后隐含了更多的知识和智能。

(3)社会演化算法中"认知主体的背叛行为"与传统遗传算法中的"变异"操作具有类似的作用,就是使优化算法能够避免陷入局部极小点,从而具有全局寻优能力。

(4)社会演化算法中的"最优范式的强化与衰减"机制的根本目的是加强优化算法的局部寻优能力,传统遗传算法并不具备相应的机制。

第三节 基于社会演化算法的聚类新方法

一、认知主体的推理过程

社会演化算法要求每一个个体都是智能的,都有独立的认知能力。本书采用k-均值算法作为认知主体的认知推理过程。

k-均值算法的工作原理如下:首先从n个数据对象中任意选择k个个体作为初始聚类中心,而对于所剩下的其他对象,则根据它们与这些聚类中心的相似度(距离),分别将它们分配给与其最相似的(聚类中心所代表的)聚类;然后再计算每个所获新聚类的聚类中心(该聚类中所有对象的均值),不断重复这一过程直到标准测度函数开始收敛为止。[138]

测度函数如下:

$$E = \sum_{i=1}^{k} \sum_{p \in C_i} |p - m_i|^2 \qquad (5-1)$$

式中，E 表示所有数据对象与相应聚类中心的均方差之和，p 表示代表对象的空间中的一个点，m_i 表示聚类 C_i 的均值。

k-均值算法流程如下：

（1）从 n 个数据对象任意选择 k 个对象作为初始聚类中心。

（2）循环下述流程（3）到（4），直到每个聚类不再发生变化为止。

（3）计算每个对象与这些中心对象的距离（本书采用欧式距离），并根据最小聚类重新对相应对象进行划分。

（4）重新计算每个（有变化）聚类的均值（中心对象）。

认知主体通过上述 k-均值算法可以得到一个局部最优解，n 个认知主体将产生 n 个独自的局部最优解，从而构成一个群体。

二、基于"范式学习与更新"的进化寻优过程

1. 范式的确立与更新

一个好的范式就是一个好的可行解记录，用 F 表示范式，M 表示范式的个数。F[i] 表示第 i 个范式（i = 1，2，…，M）。这 M 个范式按照其目标函数 f(F[i]) 的值由低到高的顺序排列，即 f(F[1])≤f(F[2])≤…≤f(F[M−1])≤f(F[M])。由以上 k-均值算法可以得到一系列的个体。每得到一个新的个体 F[1]，如果它的目标函数 f(F[1]) 小于某个已有个体的目标函数值，就将该个体 F[1] 作为一个新的个体插入到按目标函数值递增的 M 个范式中的适当位置，即对于 j∈(1，M)，如果 f(F[j−1]) < f(F[1]) < f(F[j])，则 F[j] = F[1]，F[j + 1] = F[j]，…，F[M] = F[M − 1]。这样，在整个进化过程中，这 M 个范式始终处于一种动态更新状态。

2. 认知主体对范式的学习

对于第 k 代的认知主体，其产生一个新的范式要参照第 k-1 代的范式。在第 k 代，采用"轮盘赌"的方式选择一个范式，该范式可以清晰地表示出每一个数据属于哪一类。在该范式中，可以清晰地表示出第 i（i∈[1, n]，n 为要进行聚类的数据数目）个数据所属的类别 h（h∈[1, c]，c 为聚类数）。我们认为对于类别 h，和其聚类中心 p（p 为类别 h 的均值）相距较近的某些数据体现了认知主体较好的认知行为，应该被第 k 个个体继承其行为，即 c 个类中每一类都保留一定的（事先规定好的一个比例，本书取值 0.45，然后向上取整）数据。被保留的数据仍然是 c 个类别，其余的数据根据与这 c 类的聚类中心（类中各个数据的平均值）的相似度（距离，本书采用欧式距离）分配到这几类中去，从而完成继承，产生一个新的范式。

例如，对 100 个数据进行三类聚类。在第 k 代时，根据"轮盘赌"方式选出了一个范式。该范式在第 k-1 代时所体现的聚类信息如下：h_1 类中包含 20 个数据，h_2 类中包含 30 个数据，h_3 中包含 50 个数据。这三类中各个数据的序号也会很清楚地体现在范式中。按照本文选择的比例 0.45，向上取整的原则，这三类分别应该保留的数据个数为 9 个、14 个、23 个。然后其余剩下的 54 个数据按照和这三类（被保留后的三类）的聚类中心（类中各个数据的平均值）相似度（距离，欧式距离）分配到这三类中去，从而生成一个新的范式，完成范式的继承。

3. 最优范式的强化和衰减

为强化 SEP 的局部寻优能力，可以将"当前最优范式"（F[1]，均方差最小的范式）的学习概率 p_1 人为地适当增大。同时，为防止整个社会群体对最优范式的"趋同"，从而降低全局寻优的能力，

p_1 值还应"逐代衰减",其具体方法如下:

如果在第 k 代产生一个新的"当前最优范式"F[1],那么在第 k+1 代群体产生过程中,指定范式 F[1] 被学习的概率为 p_1,$p_1 \in (0, 1)$ 其他范式被学习的概率 p_i(i = 2, 3, ⋯, M)为:

$$p_i = [1/f(F[i])](1-p_1)/\sum_{i=2}^{M} 1/f(F[i]) \tag{5-2}$$

而在第 k+2 代到第 k+t 代(假设在第 k+t 代"当前最优范式"再次被更新)各代群体生成过程中,范式 F[1] 被学习的概率 p_1 依次为:

$$p_1^{k+i} = \begin{cases} p_1^k \times (100 - \mu^{(i-1)})/100 & \\ 1/n \quad 若 \quad p_1^k \times (100 - \mu^{(i-1)})/100 > 1/n \\ \quad\quad 若 \quad p_1^k \times (100 - \mu^{(i-1)})/100 \leq 1/n \end{cases} \tag{5-3}$$

式中,$i \in (2, 3, ⋯, t)$,参数 μ 控制衰减速率,其上角标(i-1)是乘方的次数。μ 值越小,则衰减越慢。一般来说 $\mu \in (1, 3)$ 为宜。其他"范式"被继承概率 p_i,$i \in (2, 3, ⋯, M)$ 仍按公式(5-2)计算。[153]

4. 认知主体对范式的背叛

与传统遗传算法中的"变异"类似,社会演化算法中某些认知主体也能突破现有范式影响而独立尝试新的认知过程。由于这种"创造机制"的引进,社会演化算法具备了较强的全局优化能力。其实现步骤如下:

(1)设定认知主体变异概率阈值 α,该值判断某个认知主体是否具有叛逆性格;行为变异概率阈值 β,该值判断某个具有叛逆性格的认知主体在其整个行为过程中,哪一次或哪几次具体的行为属于叛逆行为;

(2)每个认知主体开始其认知行为前,首先通过一个均匀分布的随机数生成器产生一个随机数,如果不大于认知主体变异概率阈值α,则该认知主体不具有叛逆性格,其行为过程严格遵循上述"认知主体对范式的学习"所述的方式对现有范式继承的方式进行,否则该认知主体具有叛逆性格,转入步骤(3);

(3)如步骤(2)判断该认知主体具有叛逆性格,则在该认知主体每一步认知行为前,首先通过均匀分布的随机数产生器产生一个随机数,如果不大于行为变异概率值β,则该行为不属于叛逆行为,仍按上述"认知主体对范式的学习"所述方式对现有范式继承的方式进行,否则,该行为属于叛逆行为,直接按照本节第一部分所述产生一个新的个体。

第四节 仿真实验

笔者从本书的数据来源http://www.ics.uci.edu/~mlearn/MLRepository.html 中选取了五个数据库,分别定名Database1、Database2、Database3、Database4、Database5。Database1包含102个数据对象,每个数据对象包含16个属性;Database2包含178个数据对象,每个数据对象包含13个属性;Database3包含500个数据对象,每个数据对象包含21个属性;Database4包含699个数据对象,每个数据对象包含11个属性;Database5包含214个数据对象,每个数据对象包含11个属性。本书分别采用k-means算法、GA-k-means算法和SEP算法对这五个数据库进行了聚类,结果如表5-2所示。

表5-2 分别用三种算法进行聚类分析的结果

	k-means算法	GA-k-means算法	SEP算法
Database1最优均方差值	50.024	4.6513	4.6315
Database1所用时间(秒)	1.64	389.89	45.064

续表

	k-means 算法	GA-k-means 算法	SEP 算法
Database2 最优均方差值	33957	2552.8	2517.5
Database2 所用时间（秒）	1.06	602.63	406.73
Database3 最优均方差值	348.56	123.08	120.7
Database3 所用时间（秒）	4.78	512.8	191.09
Database4 最优均方差值	440.28	48.353	47.747
Database4 所用时间（秒）	10.23	2686.7	938.03
Database5 最优均方差值	18720.9	1689.8	1550.2
Database5 所用时间（秒）	1.78	553.25	52.391

从表 5-2 中结果可以看出，k-means 算法虽然所用时间很短，但是明显只是局部最优；GA-k-means 算法和 SEP 算法在寻优性能上相差不大，SEP 算法略优于 GA-k-means 算法，但 SEP 算法所用的时间远小于 GA-k-means 算法，效率提高很多。

本章小结

数据聚类具有广泛的应用，是数据挖掘中一个非常重要的研究领域。基于划分的 k-均值聚类算法是目前聚类分析中应用非常广泛的算法，但 k-均值算法受初始值影响很大，通常只能以局部最优结束，很难找到全局最优解。社会演化算法是基于社会群体认知基础上的全局搜索算法，目前主要应用于解决组合优化问题，用于数据聚类还未见有人研究。在本章中提出一种新的 SEP（在本书中仍然叫做社会演化算法），在该算法中提出了认知主体在聚类中对范式学习的方式，并将其和 k-均值算法相结合。新的聚类算法能够克服遗传算法和 k-均值算法相结合所带来的效率问题，大大提高聚类的效率。

第六章 基于混沌的新的社会演化算法的数据和文本聚类方法

第一节 引 言

在数据挖掘和文本挖掘中,聚类都是一个很重要的研究内容,在实际中有很多的应用,而在理论上也有许多需要完善和发展的方面。作为基于划分的一个经典聚类算法——k-均值算法有着非常广泛的应用。k-均值算法需要给定一个聚类数目k,随机创建一个初始划分,然后采用迭代方法通过将聚类中心不断移动来尝试着进行划分。但k-均值算法受初始值影响很大,通常只能以局部最优结束,很难找到全局最优解。

基于k-均值算法缺点,已有人对此做出了改进,将基于自然选择和遗传规律的全局搜索遗传算法和k-均值算法相结合,充分利用遗传算法全局搜索的特点克服了k-均值局部搜索的局限,取得了很好的效果,但该算法由于每一代都要用k-均值对每个个体进行优化使得算法效率降低很多。

本书第五章中引入了社会演化算法来进行聚类,这是一种基于社会群体认知基础上的全局搜索算法。该算法和k-均值算法相结合能够很好地解决遗传算法和k-均值算法相结合所带来的效率问题，这在第五章已有详述。

在社会演化算法中作为进化的部分包括认知主体对范式的继承和认知主体的叛逆行为。认知主体对范式的继承相当于遗传算法遗传操作中的选择和交叉部分，用来产生新的个体。认知主体的叛逆行为相当于遗传算法中的变异，同样用来产生新的个体。但是，认知主体叛逆的方式是产生一个新的个体，这个新的个体同样是在认知主体原有认知方式下产生的，与通过认知主体对范式的继承产生新的个体的方式具有很大的相似性，使得种群的多样性减小。在本章中提出一种基于混沌的新的社会演化算法（Chaotic Social Evolutionary Programming，CSEP），对认知主体采用新的叛逆方式，以混沌变异算子这样的叛逆方式代替原来的认知主体的叛逆行为，这样产生的个体将是一个脱离原有认知方式下的新的个体，增加了种群的多样性，使得算法的寻优性能更加优越。

第二节 混沌理论简介

在科学史上，最早了解混沌行为可追溯到19世纪法国数学家、物理学家和大文学家庞加莱（J.H.Poincare），他最重要的工作之一是在研究保守系统天体力学时，以太阳系的三体运动问题为背景，提出了"天体力学的新方法"以及关于轨道稳定性问题，不仅证明了天体运动存在周期轨道，而且发现了三体引力相互作用可产生惊人的复杂性，这实质上就是现在所讲的"混沌现象"。到20世纪五六十年代，混沌理论才在天体力学领域里取得了第一次突破性进展，提出了所谓KAM定理，该定理被公认为是创建混沌学理论的历史性标记。这个定理是以苏联概率论大师A.N.Kolmogorov和他的学生V.I.Arnold及瑞士数学家J.Moser三人名字的首位字母命名的，

第六章　基于混沌的新的社会演化算法的数据和文本聚类方法

这是一个多世纪以来人们用微扰动方法处理不可积系统取得的最成功的结果，成为现代混沌学的第一个开端。1963 年美国气象学家 E.N.Lorenz 取得了现在混沌理论研究的第二个突破性进展，他在大气对流模型的计算机数值计算中，发现了所谓的"蝴蝶效应"，即系统长期行为对初值微小变化的高度敏感依赖性，所谓"差之毫厘，谬以千里"，产生确定性系统的非周期性和长期行为的不可预测性等混沌特性，从而对耗散系统中的混沌研究开辟了崭新的道路。1961 年法国数学家 D.Ruelle 和荷兰的 F.Takens 首先提出用混沌来描述湍流形成机理的新观点，发现了一条通向混沌的道路，为解开湍流的百年之谜提出了方向。1965 年，华人李大岩和他的导师 J.Yorke 联名发表了一篇论文《周期 3 则乱七八糟（蕴涵混沌）》，著名的 LI-Yorke 定理描述了混沌的数学特征，率先引入"混沌"一词，这篇论文以其通俗性和趣味性在数学物理学界引起了广泛兴趣，在混沌学的研究中独树一帜。与此同时，法国数学家、分形学创始人 B.Mandelbrot 对混沌的几何特性的研究做出了杰出的贡献，他于 1963 年提出了分形几何学，为探索种种不规则的回转曲折的相空间提供了理想工具。其后，在 20 世纪 70 年代美国物理学家 M.J.Feigenbaurm 发现了著名的 Feigenbaurm 常数，把混沌学研究从定性分析推进到了定量计算的阶段，成为现代混沌学研究的一个重要里程碑。

既然混沌作为一种自然界与人类社会中普遍存在的运动形态，它在不同学科范畴和领域中可能有各自适合的定义和内涵，既有共性又有特殊性。以上的定义主要是从非线性动力学角度、数学和物理学的观点提出来的。无疑，混沌是一种更高级的有序态，即所谓的"混沌态"。概括地说，混沌系统的复杂动力学具有如下基本特性：

（1）对初始条件的微小变化具有高度的敏感依赖性。

（2）用最大的李雅普诺夫（Lyapunov）指数大于零表征。

(3) 混沌吸引子在相空间内整体上是有界的，但是在吸引子内相轨迹具有高度不稳定性，除了最大的李雅普诺夫指数大于零外，还具有有限值的拓扑熵与测度熵。

(4) 混沌吸引子的几何特征是具有分形（分数维数）和自相似嵌套结构，具有连续功率谱。

(5) 混沌吸引子具有遍历性。

(6) 经常与分岔、分形和多种奇怪吸引子甚至排斥子等复杂动力现象共存等。

第三节 基于混沌的新的社会演化算法的聚类方法

一、基于 k-均值算法的认知主体推理过程

混沌社会演化算法与社会演化算法相同，同样要求每一个个体都是智能的，都有独立的认知能力。本章的混沌社会演化算法同样采用 k-均值算法作为认知主体的认知推理算法。k-均值算法虽然只能提供局部最优的结果，但把其作为初值却可以有效地缩短算法的搜索时间。k-均值算法的具体流程已在第五章有了详细介绍，这里不再复述。

二、基于"范式学习与更新"的进化寻优过程

混沌社会演化算法的寻优机制和社会演化算法中的寻优机制已经不同，其"基于范式学习"这一部分的寻优方式是相同的，但认

第六章　基于混沌的新的社会演化算法的数据和文本聚类方法

知主体的叛逆这一部分的寻优方式已经不同。"基于范式学习"寻优方式和遗传算法基于"选择、交叉"的进化寻优机制的目的都是继承优良信息,但二者之间仍然有着本质不同:①传统遗传算法中优良信息的传播是一代传给一代的,不能隔代相传,所以没有打破代的限制,而在 CSEP 中,范式是独立于群体而存在的,而且其存在时间不受"代"的限制,直到被更好的范式所替换为止,因此,CSEP 中优良信息的传播是持续而稳定的;②传统遗传算法中个体所继承的基因只是来源于上一代群体中的两个个体,而 CSEP 则没有这个限制,认知主体可以继承多个甚至所有范式的优良信息。由以上两点可以看出,CSEP 中优良信息的传播是超越"空间(两个个体)"和"时间(代)"的限制的。

1. 范式的确立与更新①

在混沌社会演化算法中,范式的确立与更新方式和社会演化算法相同,即一个好的范式就是一个好的可行解记录,用 F 表示范式,M 表示范式的个数。F[i] 表示第 i 个范式(i = 1, 2, …, M)。这 M 个范式按照其目标函数 f(F[i]) 的值由低到高的顺序排列,即 $f(F[1]) \leq f(F[2]) \leq \cdots \leq f(F[M-1]) \leq f(F[M])$。由以上 k-均值算法可以得到一系列的个体。每得到一个新的个体 F[1],如果它的目标函数 f(F[1]) 小于某个已有个体的目标函数值,就将该个体 F[1] 作为一个新的个体插入到按目标函数值递增的 M 个范式中的适当位置,即对于 $j \in (1, M)$,如果 $f(F[j-1]) < f(F[1]) < f(F[j])$,则 F[j] = F[1],F[j + 1] = F[j],…,F[M] = F[M − 1]。这样,在整个进化过程中,这 M 个范式始终处于一种动态更新状态。

---

① 为保留算法的完整性,也为了读者阅读的方便,特保留此处内容。

2. 认知主体在聚类中对范式学习的方式

一个认知主体在生成一个新的聚类结果（一个新的范式）的过程中应该也必须参照学习现有的各个范式，继承现有范式中优良的认知结果，摒弃那些劣质的认知结果。所谓参照学习是指认知主体在确定认知行为时可以选择一个范式，参照其中该范式的认知行为来确定新的认知行为。

对于第 k 代的认知主体，其产生一个新的范式要参照第 k-1 代的范式。在第 k 代，采用"轮盘赌"的方式选择一个范式。在该范式中，可以清晰地表示出第 i（$i \in (1, n)$，n 为要进行聚类的数据数目）个数据所属的类别 h（$h \in (1, c)$，c 为聚类数）。我们认为对于类别 h，和其聚类中心 p（p 为类别 h 的均值）相距较近的某些数据体现了认知主体较好的认知行为，应该被第 k 个个体继承其行为，即 h 类中每一类都保留一定的（事先规定好的一个比例，本书取值 0.45，然后向上取整）数据。被保留的数据仍然是 c 个类别，其余的数据根据与这 c 类的聚类中心（类中各个数据的平均值）的相似度（距离，本书采用欧式距离）分配到这几类中去，从而完成继承，产生一个新的范式。

例如，对 100 个数据进行三类聚类。在第 k 代时，根据"轮盘赌"方式选出了一个范式。该范式在第 k-1 代时所体现的聚类信息如下：h_1 类中包含 20 个数据，h_2 类中包含 30 个数据，h_3 中包含 50 个数据。这三类中各个数据的序号也会很清楚地体现在范式中。按照本书选择的比例 0.45，向上取整的原则，这三类分别应该保留的数据个数为 9 个、14 个、23 个。然后其余剩下的 54 个数据按照和这三类（被保留后的三类）的聚类中心（类中各个数据的平均值）相似度（欧氏距离）分配到这三类中去，从而生成一个新的范式，完成范式的继承。

3. 最优范式的强化和衰减[①]

在最优范式的强化和衰减中，混沌社会演化算法和社会演化算法相同，同样需要通过这种方式强化 CSEP 的局部寻优能力。最优范式的强化和衰减的过程如下：可以将"当前最优范式"（F[1]）的学习概率 p_1 人为地适当增大。同时，为防止整个社会群体对最优范式的"趋同"，从而降低全局寻优的能力，p_1 值还应"逐代衰减"，其具体方法如下：

如果在第 k 代产生一个新的"当前最优范式" F[1]，那么在第 k+1 代群体产生过程中，指定范式 F[1] 被学习的概率为 p_1，$p_1 \in (0, 1)$，其他范式被学习的概率 p_i（i = 2, 3, ⋯, M）为：

$$p_i = [1/f(F[i])](1 - p_1) / \sum_{i=2}^{M} 1/f(F[i]) \tag{6-1}$$

而在第 k+2 代到第 k+t 代（假设在第 k+t 代"当前最优范式"再次被更新）各代群体生成过程中，范式 F[1] 被学习的概率 p_1 依次为：

$$p_1^{k+1} = \begin{cases} p_1^k \times (100 - \mu^{(i-1)})/100 \\ 1/n \quad 若 \quad p_1^k \times (100 - \mu^{(i-1)})/100 > 1/n \\ \quad\quad 若 \quad p_1^k \times (100 - \mu^{(i-1)})/100 \leq 1/n \end{cases} \tag{6-2}$$

式中，i ∈ (2, 3, ⋯, t)，参数 μ 控制衰减速率，其上角标 (i-1) 是乘方的次数。μ 值越小，则衰减越慢。一般来说 μ ∈ (1, 3) 为宜。其他"范式"被继承概率 p_i，i ∈ (2, 3, ⋯, M) 仍按公式 (6-1) 计算。

4. 基于混沌变异算子的认知主体对范式的背叛

不同于社会演化算法，在混沌社会演化算法中，认知主体对

[①] 为保留算法的完整性，也为了读者阅读的系统性，特保留此处内容。

范式的背叛方式采用新的混沌变异算子代替原有的认知主体的背叛方式。

（1）认知主体对范式背叛的实现方式。在社会演化算法当中，某些认知主体能够突破现有范式的影响而独立尝试新的认知过程，这就形成了认知主体对范式的背叛。由于这种背叛方式的引进，使得社会演化算法具备了较强的全局优化能力。在混沌社会演化算法中，同样采用"背叛"这种方式，但其具体的背叛形式不再采用产生新个体的方式，而是采用混沌变异算子的方式来实现背叛。

其实现步骤如下：

1）设定认知主体变异概率阈值 α，该值判断某个认知主体是否具有叛逆性格；行为变异概率阈值 β，该值判断某个具有叛逆性格的认知主体在其整个行为过程中，哪一次或哪几次具体的行为属于叛逆行为。

2）每个认知主体开始其认知行为前，首先通过一个均匀分布的随机数生成器产生一个随机数，如果该数不大于认知主体变异概率阈值 α，则该认知主体不具有叛逆性格，其行为过程严格遵循上述"认知主体对范式的学习"所述的方式对现有范式继承的方式进行；否则该认知主体具有叛逆性格，转入步骤3）。

3）如步骤2）判断该认知主体具有叛逆性格，则在该认知主体每一步认知行为前，首先通过均匀分布的随机数产生器产生一个随机数，如果该数不大于行为变异概率值 β，则该行为不属于叛逆行为，仍按上述"认知主体对范式的学习"所述方式对现有范式继承的方式进行；否则，该行为属于叛逆行为，按照采用"混沌变异算子"产生一个新的个体。

（2）混沌变异算子。在社会演化算法中，对于范式的背叛一般采用按照本章第三节第二部分第1小部分所述产生一个新的个体。而在本章提出的混沌社会演化算法中采用混沌变异算子完成认知主体对现有范式的背叛，使得认知主体能够突破现有范式的影响而独立尝试新的认知过程。

设混沌社会演化算法的群体规模为 q，x_i 为变异操作前的第 i 个个体，它对应一个由 n 个分量组成的向量，$x_i(j)$ 为其中第 j 个分量，$x_i^a(j)$ 为变异后的第 i 个个体的第 j 个分量，$\sigma_i(j)$ 为第 j 个个体的第 j 个分量的变异尺度。[154]

混沌变异算子如下：

$$x_i^a(j) = x_i(j) + \sigma_i(j)l_j \tag{6-3}$$

其中 l_j 为按混沌规律变化的序列，采用经典的一维 Logistic 映射：

$$r_{n+1} = \lambda r_n(1 - r_n), \quad r_n \in [0, 1] \tag{6-4}$$

参数 λ 取 0~4，Logistic 映射为 [0，1] 间的不可逆映射。可以证明，当参数 λ 取 4 时，系统处于混沌状态，[155] r_n 在 [0，1] 间遍历。

变异算子的变化尺度对社会演化算法的性能有较大的影响。变异算子的变化尺度大，有利于在广阔的空间中搜索到全局最优解，但由于搜索比较粗糙，不容易达到较高的精度；变异算子的变化尺度小，有利于达到较高的精度，但算法容易陷入局部极值，造成早熟，因此演化初期和后期的变异尺度应该不同。[156] 于是采用如下公式控制变异算子的变化尺度：

$$\sigma(k) = \sigma(0)(\alpha \exp(-\frac{\beta k}{G_{max}}) + \gamma) \tag{6-5}$$

式中，σ 表示对应当前群体某个体的某个分量的变异尺度，k 表示当前进化代数，G_{max} 表示进化总代数，α，β，γ 表示控制尺度收缩参数，其取值分别为 1，10，0.2。

第四节 仿真实验

一、实验分析一

笔者从本书的数据来源 http：//www.ics.uci.edu/~mlearn/MLRepository.html 中选取了五个数据库，分别定名 Database1、Database2、Database3、Database4 和 Database5。Database1 包含 252 个数据对象，每个数据对象包含 14 个属性；Database2 包含 292 个数据对象，每个数据对象包含 12 个属性；Database3 包含 450 个数据对象，每个数据对象包含 16 个属性；Database4 包含 752 个数据对象，每个数据对象包含 17 个属性；Database5 包含 183 个数据对象，每个数据对象包含 11 个属性。本书分别采用 GA-k-means 算法和 CSEP 算法对这五个数据库进行了七类聚类，其结果（表中均方差值的含义见公式（6-1））如表 6-1 所示。

表 6-1 分别用两种算法进行聚类分析的结果

	GA-k-means算法	CSEP算法
Database1 最优均方差值	118.2035	72.0662
Database1 所用时间（秒）	1515.6	486.36
Database2 最优均方差值	399511.19	266198.92
Database2 所用时间（秒）	2421	59.469
Database3 最优均方差值	8998.3863	7660.6119
Database3 所用时间（秒）	2482.4	54.187
Database4 最优均方差值	244778.69	219761.24
Database4 所用时间（秒）	2618.3	202.23
Database5 最优均方差值	2731.6348	1725.908
Database5 所用时间（秒）	638.42	55.907

从表 6-1 可以看出 CSEP 算法无论是从时间还是从精度都要优于 GA-k-means 算法，是一种更有效率的聚类算法。

二、实验分析二

本书选取了维普文章中的 5 类文摘共 500 篇作为实验数据，每类 100 篇（试验数据来源于 http：// www.lib.tju.edu.cn），这五类分别为财政金融、航空航天、环境科学、建筑材料、冶金工业。首先对这些数据进行降维处理（采用文献［157］方法），其维数可以降为 42 维，然后分别用 k-均值算法、GA-k-means 算法和 CSEP 算法对其进行聚类分析。

1. 实验一

首先采用 k-均值算法对其进行聚类，其结果如表 6-2 所示。

表 6-2 基于 k-均值算法的文本聚类结果

	航空航天	财政金融	环境科学	建筑材料	冶金工业
错误篇数	35	32	40	42	39
正确篇数	65	68	60	58	61
正确率（%）	65	68	60	58	61
时间（秒）	26.6				

2. 实验二

再采用 GA-k-means 算法对其进行聚类，其结果如表 6-3 所示。

表 6-3 基于 GA-k-means 算法的文本聚类结果

	航空航天	财政金融	环境科学	建筑材料	冶金工业
错误篇数	15	17	20	22	19
正确篇数	85	83	80	78	81
正确率（%）	85	83	80	78	81
时间（秒）	19761				

3. 实验三

最后采用本书提出的 CSEP 算法（混沌社会演化算法）对其进行聚类，其结果如表 6-4 所示。

表 6-4　基于 CSEP 算法的文本聚类结果

	航空航天	财政金融	环境科学	建筑材料	冶金工业
错误篇数	11	9	12	14	10
正确篇数	89	91	88	86	90
正确率（%）	89	91	88	86	90
时间（秒）	4720.4				

从以上结果可以看出，k-均值算法在聚类效果方面很是不佳。相比较而言，GA-k-means 算法和 CSEP 算法的聚类效果要好得多。CSEP 算法所用的时间要远小于 GA-k-means 算法，而且其聚类的精度也要比 GA-k-means 算法要好很多。

本章小结

聚类在实际当中具有广泛的应用，是数据挖掘和文本挖掘中的一个重要研究课题。针对 k-均值算法、GA-k-means 算法和社会演化算法的不足，本章提出一种新的基于混沌的社会演化算法——混沌社会演化算法。在该算法中，提出了认知主体对范式背叛的新方式——采用混沌变异算子来进行背叛。该变异算子能更好地增加种群的多样性，提高算法的寻优机制。

第七章 基于改进遗传算法和改进社会演化算法的文本聚类研究

聚类分析已经发展了40多年的研究历程,已经成为数据挖掘、模式识别等领域的重要研究内容。作为一种无监督的机器学习方法,聚类由于不需要训练过程,以及不需要预先对文档手工标注类别,因此具有一定的灵活性和较高的自动化处理能力。文本聚类可以作为多文档自动文摘等自热语言处理应用的预处理步骤,可以对搜索引擎返回的结果进行聚类,使得用户迅速定位到所需要的信息,可以对用户感兴趣的文档进行聚类,从而发现对于用户来说有趣的模式、可以用来改善文本分类的结果,还可以应用于文档集合的自动整理等。因此,文本聚类已经成为对文本信息进行有效的组织、摘要和导航的重要手段,越来越受到众多研究者的关注。

第一节 文本聚类研究综述

一、国外相关研究综述

Montalv 和 Martinez[158]等人以同源语命名实体为基础,进行多语言新闻文本的聚类研究。他们综合人名、地名以及机构名相似度，进行跨语言文本相似度计算，实现多语言文本聚类。他们对西班牙语—英语可比语料进行聚类，结果表明仅将同源语命名实体作为聚类特征进行多语言文本聚类，其性能可达到常规的基于文本特征翻译的方法。

Wei 和 Yallg 等人[159]提出一种基于潜在语义索引的多语言文本聚类方法，该方法在平行语料上通过潜在语义索引方法构建多语言索引系统，多语言文本被表示成与语言无关的潜在语义索引空间形式，多语言文本聚类问题便转换为与具体语言无关的文本聚类问题。

Altingovde I.S.等人[160]提出文档聚类方法，该方法在文档聚类后，进行检索时不再计算每个文档与查询的相关性，而是以文档簇为单位计算相关度，大大降低了相关度的计算次数，从而提高了搜索引擎的检索效率。

R. Kashef 等人[161]提出一种新的聚类算法 CBKM（Cooperative Bisecting K-means）。Wei Song 等人[162]提出一种基于潜在语义索引的遗传算法方法用于文本聚类。Wei Song 等人[163]提出一种基于本体方法的自组织遗传算法用于文本聚类。

Henry Anaya-Sanchez 等人[164]提出一种文本聚类算法，该算法主要是为了发现和描述文本集中包含的主题。

Dino Isal 等人[165]利用自组织地图的优点，克服只采用贝叶斯公式所带来的维数的降低。把新的排位技术和混合系统相结合以进一步提高文本分类方法的性能。他们描述了使用两种相似算法从而可以产生更好的分类精度的混合分类方法的运行过程。这两种方法是：使用概率分配来向量化文档的贝叶斯分类方法和用来进行聚类的自组织地图聚类算法。

G.Forestier 等人[166]提出基于背景知识的综合聚类。综合聚类的目标是让不同的聚类方法综合起来，对某一个数据集的划分达到统一，而且要考虑和利用背景知识。

Wen Zhang 和 Taketoshi Yoshida 等人[167]提出一种最大捕获的文档聚类方法。该方法包括两个步骤：建立文档集群和分配集群主题。基于 3 个相似的方法，他们开发了三种不同版本的最大捕获。对于最大捕获，他们提出一种基于频繁敏感竞争学习的归一化过程，其可以把聚类候选合并到预定义好的聚类数字中去。

Linghui Gong 等人[168]主要侧重于聚类文本流自适应特征选择的问题，提出一个基于自适应特征选择方法的有效性指标，基于此提出一个新的文本流聚类算法。在聚类过程中，聚类有效性指标的阈值被自动用来触发特征的重选，以保证聚类的有效性。使用路透社 21578 文本集的实验表明该聚类算法可以得到高质量的结果。

Argyris Kalogeratos 等人[169]引入了合成原型 MedoidKNN，其有利于在一个聚类中生成具有主导的类的代表。这些合成的聚类原型纳入通用球形的 k-means 程序，生成一个强大的聚类分析方法称为 K-合成原型（K-SP）方法。对比实验表明了这种方法的鲁棒性，特别是对小的数据集和在许多维度上重叠的聚类。它比传统的方法和数字空间聚类法都要更好。

二、国内相关文献综述

高松等人[170]提出了采用句法分布信息进行文本聚类的方法。在汉语依存树库中，得出 10 种具有显著差异的词类依存关系，以其中 5 种依存关系作为聚类特征，访谈会话类和新闻播报类文本的相似度分别为 71.98% 和 83.13%。实验结果验证了该方法利用依存关系对文本聚类的可行性和有效性。

徐森等人[171]将非负矩阵分解（NMF）引入文本聚类集成问题中，为解决 NMF 随机初始化所引起的不稳定性问题，首先采用最小最大原则确定 k-均值算法的初始质心，并获得稳定的聚类结果；

其次，将 k-均值算法的聚类结果作为 NMF 的初始因子矩阵，并对超图的邻接矩阵进行 NMF，获得基矩阵和系数矩阵；最后根据系数矩阵获得最终的聚类结果，由此设计了 NMFK 算法。

刘海峰等人[172]提出了一种优化初始中心点方法，用以解决聚类的局部最优问题。同时，通过样本的模糊加权减少边缘噪声数据对聚类效率的影响。文本聚类试验表明，该模糊文本聚类算法取得较好的聚类效果。

王飞等人[173]针对模糊文本聚类算法（FCM）对输入顺序以及初始点敏感的问题，提出了一种使用蚁群优化的模糊聚类算法（FACA），该算法采用蚁群聚类算法（ACA）找到聚类的初始中心点，以解决模糊聚类的输入顺序以及初始点敏感等问题。模糊文本聚类算法的线性复杂度使其更便于用计算机实现。

管仁初等人[174]给出了相似特征集、排斥特征集和仲裁特征集的概念，在这些概念的基础上提出了一种能够包含文本结构信息的非欧空间相似性度量方法，并提出了一种新的聚类算法，称之为"权吸引了传播算法"。

徐森等人[175]采用两个不同的谱聚类算法解决文本聚类集成问题。为使算法扩展到大规模应用，基于代数变换，通过求解小规模矩阵的特征值分解问题避免了大规模矩阵的特征值分解问题，有效降低了两个谱聚类算法的计算复杂度。分别从矩阵扰动理论和图上的随机游走的角度解释了两个算法的有效性。

张霞等人[176]提出了一种优化初始聚类中心的新算法：在数据对象的模糊力度空间上给定一个归一化的距离函数，用此函数对所有距离某力度的数据对象进行初始聚类，对初始聚类簇计算其中心，得到一组优化的聚类初始值。

童健华等人[177]构造了一种能准确描述文本之间相似性（亲和力）的新方法，并在此基础上提出了一种改进的人工免疫文本聚类算法。仿真结果表明，与传统的文本聚类算法相比，新算法不仅能自动发现新类，而且具有聚类精度更高、数据压缩比更大、与输入初始配置无关、可增量处理的优势。

丘志宏等人[178]提出如何借助词语之间关系组织的本体论词典对文章进行上下文分析，得到文章中词语之间意义上的相互关系，进而用相关词语的词频以及关系的权重量化地给出一个词语受到上下文的支持程度。所以在衡量词语权重时不仅考虑其词频，而且考虑其上下文的支持情况。

谷波等人[179]为了对比COSA距离和传统的欧氏距离在文本聚类中的表现，对中文文本进行了分制聚类和层次聚类的实验。实验结果显示出COSA算法较基于欧氏距离的聚类算法有更好的性能，而且对于属性数的变化，COSA算法更加稳定。

何婷婷等人[180]针对传统k-means聚类算法对初始聚类中心的选择敏感，易陷入局部最优解的问题，提出一种基于混合并行遗传算法的文本聚类方法。该方法首先使文档集合表不成向量空间模型，并在文档向量中随机选择初始聚类中心形成染色体，然后结合K-Means算法的高效性和并行遗传算法的全局优化能力，通过种样内的遗传、变异和种样间的并行进化、联姻，有效地避免了局部最优解的出现。

三、文献评述

从以上研究综述中可以看出，虽然对文本聚类的研究已经较多，但对包含孤立点的文本聚类的研究还较少。因此，本章主要研究进化算法，包括遗传算法和社会演化算法在包含孤立点的文本聚类中的应用研究。

第二节 基于改进遗传算法的文本聚类方法

遗传算法自产生后已获得广泛的应用,已被证明是一种优良的优化算法,但其自身存在一些缺点,比如收敛速度慢、收敛不到全局最优等。基于此,本书将 k-medoids 算法嵌入遗传算法中,并对遗传算法的交叉和变异算子进行了改进,可以用遗传算法解决收敛速度慢、收敛不到全局最优解以及文本聚类中的孤立点的问题。

一、编码

假如要把 n 数据集分成 k 个子集,表示方式可以考虑两种。第一种是可以把某篇文档归属于某一个类,所有文档都划分类别后,由表示文档和其归属类的符号构成染色体。例如,某染色体表示为 $r = \{r_{12}, r_{23}, \cdots, r_{ij}, \cdots, r_{nk}\}$,其中 r_{ij} 表示 i 篇文档属于第 j 个类,$1 \leqslant i \leqslant n$,$1 \leqslant j \leqslant k$。第二种是由各个聚类的聚类中心来构成,例如某染色体表示为 $r = (r_1, r_2, \cdots, r_k)$,其中 r_i 表示第 i 个聚类中心为 r_i。一般聚类时,文档数目都比较多,如果采用第一种表示方式,将会使整个染色体太长,交叉和变异的难度就会增大,因此本书采用第二种表示方式。

遗传算法的编码方式有很多,比如二进制编码、格雷码编码、实数编码、符号编码、参数级联编码、交叉编码以及基于基因表达式方程的编码等。根据本书第二种表示方式的特点,本书选用实数编码作为编码方式。

二、基于小生境初始种群的生成

1. 小生境技术

在自然界中,生物总是趋向于同类生活在一起,并在一起进行繁殖,这些同类具有相似的特征和相似的行为。小生境技术是将所有代的个体划分为若干个不同的类别或子集。然后从每个类或子集当中选择较优的个体组成一个类或子集,形成一个群体。之后,在各自的种群中,以及不同的种群之间,进行交叉和变异操作以产生新的种群。基于这种机制的小生境的遗传算法,可以更好地保留个体的多样性,也具备较好的全局寻优能力以及收敛速度。[181]

(1)基于预选机制的小生境技术。Cavicchio 在 1970 年提出了一种基于预选机制的小生境方法。这种方法指的是只有新产生的子代个体的适应度优于其父代个体的适应度时,该父代个体才被子代个体替换,从而使得子代个体遗传到下一代中去。否则,子代个体并不替换父代个体,遗传到下一代的仍然是父代个体。因为父代个体和子代个体之间具有基因排序的相似性,也就是两者编码结构具有相似性,所以采用预选机制替换掉只是一些编码结构相似的个体。这种方法能够有效维持种群的多样性,并可以形成小生境的进化环境。[182]

(2)小生境 PSO(Niching PSO)。该算法利用了 PSO 中的认知模式,首先需要形成一个主群,对主群仅采用认知模式进行搜索。设置某一阈值,经过若干代后,如果主群中的个体并没有更新,则表示最优解可能潜存于其附近。那么在这个个体某一个特定范围的主群个体形成子群,在主群和子群中的个体在算法的迭代过程中可以相互合并。[183~186] 其基本步骤如下:

步骤 1:初始化;

步骤2：采用认知模式对主群训练；

步骤3：对主群的适应度进行更新；

步骤4：使用 GCPSO 算法对子群进行训练，更新子群的半径，更新每一个粒子的适应度；

步骤5：对子群按照规则进行合并；

步骤6：子群吸收粒子，这时粒子是从主群飞进该子群中去的；

步骤7：判断在主群是否发现潜在的最优解，按照设定的阈值，如果是，那么设立一个新的子群在其附近；

步骤8：判断是否达到了算法的终止条件，没达到则转步骤2；达到则介绍。

（3）基于排挤机制的小生境技术。Do Jong 在 1975 年提出一种基于排挤机制的小生境的实现方法。最先也是作为一种预防遗传算法早熟收敛于局部最优而提高其种群差异性的技术。其思想来源于生物学。当各种不同的生物在某一个空间一起生存的时候，为了能够生活下去，每一个生物都必须努力去获取生存的资源，能够获得生存资源的个体就会生存下来，不能获得生存资源的个体就会被淘汰。其基本思想是：首先，设定一个排挤因子 CF，排挤成员是由群体中随机选取的 1/CF 个体组成的。然后，按照排挤成员与新产生的个体之间的相似性来排挤掉类似的个体。个体之间相似性可以采用个体编码串之间的欧式距离来衡量。群体中的个体会随着排挤过程的进行而逐渐被分类，从而形成各个小的生存环境，同时群体的多样性也被维持。[187]该算法实现步骤如下：

步骤1：初始化，建立初始种群，确定遗传参数，设定排挤因子（Crowding Factor，CF）；

步骤2：对每个个体的适应度进行计算；

步骤3：进行选择、交叉、变异的遗传操作；

步骤4：CF 个个体被从当前群体中选择；

步骤5：排挤因子群中的个体与新产生的个体之间比较其相

似性；

步骤 6：排挤因子群中的个体会被与其最相似的新生个体所替代，从而可以形成新的群体；

步骤 7：判断算法的终止条件是否满足，不满足转回步骤 2，如果满足终止条件，则算法结束。

2. 初始种群的生成

初始种群可以采用随机函数生成，形成一个初始种群矩阵。但是初始种群矩阵具有很大的随机性，无法保证整个种群中染色体的质量。因此，本书采用 k-medoids 算法对随机生成的种群矩阵进行优化，从而生成一个新的种群矩阵，作为遗传算法的初始种群矩阵。

例如，有 100 篇文档，要对其进行 6 类聚类，用实数进行编码生成初始种群。用随机函数生成的种群矩阵如下所示：

$$\begin{pmatrix} 1 & 3 & 5 & 26 & 40 & 50 \\ 2 & 41 & 23 & 4 & 65 & 76 \\ 3 & 7 & 90 & 84 & 32 & 67 \\ 82 & 45 & 70 & 9 & 8 & 15 \end{pmatrix}$$

上式即一个 4 行 6 列的种群矩阵，其表示的含义为：行数 4 表示该种群中有 4 个个体，列数 6 表示每个染色体含有 6 个基因，即需要聚类的类数。对该初始矩阵，采用 k-medoids 算法对其进行优化，生成以下种群矩阵：

$$\begin{pmatrix} a_{11} & a_{12} & a_{13} & a_{14} & a_{15} & a_{16} \\ a_{21} & a_{22} & a_{23} & a_{24} & a_{25} & a_{26} \\ a_{31} & a_{32} & a_{33} & a_{34} & a_{35} & a_{36} \\ a_{41} & a_{42} & a_{43} & a_{44} & a_{45} & a_{46} \end{pmatrix}$$

该矩阵即为初始种群矩阵。为避免遗传算法陷入局部最优，必须增强种群的多样性。本书借鉴小生境遗传算法的思想，采用排挤机制的小生境遗传技术，从而去保持种群的多样性。

三、适应度函数

本书采用均方差作为适应度函数，定义如下：

$$E = \sum_{i=1}^{k} \sum_{p \in C_i} |p - m_i|^2 \tag{7-1}$$

其中，E 为所有数据对象与相应聚类中心的均方差之和，p 为代表对象的空间中的一个点，m_i 为聚类 C_i 的均值。本书所采用的适应度函数满足适应度函数设计所要求的几个主要条件。

四、选择算子

选择算子是从初始的种群中选择若干个体进行下面的遗传操作。选择个体的数目如果比较大，可以同时处理更多的解，也就更容易找到全局最优解。但是同样也会使得时间消耗增大，从而降低算法的效率。常用的选择方法包括：轮盘赌选择法；随机遍历抽样法；截断选择法；锦标赛选择法。为了保持种群的多样性，同时加速算法的收敛，使得算法能够找到全局最优解，本书采用截断选择法和轮盘赌选择法相结合的选择算法。

首先，采用截断选择法进行选择。这是一种人工选择方法，它适合于大种群。在截断选择法中，个体按适应度排序，只有优秀的个体能够被选做父个体，截断选择的参数叫做截断阈值 Trunc。它被定义为被选做父个体的百分比，取值范围为 10%~50%，在该阈值之下的个体不能产生自个体。为了增加种群的多样性，也为了之后采用轮盘赌选择法进行选择，本节取值的范围较大，在 50%~80%选择。

其次，采用轮盘赌选择法进行选择。为了增加选择的随机性，增加种群的多样性，对采用截断法选择出来的个体继续采用轮盘赌的方法进行选择。其基本思想是：各个体被选中的概率与其适应度大小成正比。具体操作如下：

$$p(a_j) = \frac{f(a_j)}{\sum_{i=1}^{n} f(a_i)}, \quad j = 1, 2, \cdots, n \tag{7-2}$$

式中，$p(a_j)$ 表示第 j 个个体被选中的概率，$f(a_j)$ 表示第 j 个个体的适应度函数值，n 指个体数。

五、交叉算子

交叉算子是遗传算法和其他进化算法相区别的重要的特征，是形成新的个体的主要方法，也在算法的运行过程中起到关键的作用。对交叉算子的算子关系到算法能否成功寻求到全局最优解，是算法非常关键的步骤。

本书遗传算法采用多初始种群策略，其交叉分为种群内交叉和种群间交叉。对于种群内交叉，为保留优良基因片断，本书采用单点交叉，它是指在个体编码串中随机设置一个交叉点，然后在该点相互交换两个配对个体的部分基因。对于种群间的交叉，每进化50代，种群间即随机选择进行配对交叉（如种群为奇数，则随机选择偶数个种群进行种群间交叉，剩下的一个种群进入下一次循环），种群间交叉也采用单点交叉。交叉率一般取值0.4~0.9。

六、变异算子

除了交叉算子，变异算子也是遗传算法产生新个体的主要方法，它是指将个体编码串中的某一个或某几个基因值采用其他基因值来替换。相对于交叉算子，变异算子更能体现算法的全局搜索性，从而使得算法能够具有较强的种群多样性，以防止出现非成熟收敛。

但是变异算子也可能产生一个非常不好的后果，就是可能破坏优良基因，也就会破坏优良的个体，从而影响算法的质量和效率。为了使得变异算子能够发挥其增加新个体，增强算法全局搜索的能力，而又降低其破坏优良基因的作用，本文设置了变异阈值 ∂，其取值可以随具体情况而异。变异前，需要产生一个随机数，如果该随机数大于 ∂，则进行变异，如果小于等于 ∂，则保持原基因，不进行变异。交叉率一般取值在 0.001~0.1。如果不需要变异，则进入下一代循环，否则就需要进行变异运算。

七、算法停止标准

第一种是固定最大遗传代数，当算法进行到最大代数后停止；

第二种是根据收敛程度，即当种群平均适应度连续几代无明显变化后停止。

八、实验分析

本文选取了 6 类共 505 篇文章作为实验数据。前 5 类每类包含 100 文章，最后一类包括 5 篇文章构成孤立点（前 500 篇文章来自 http：//dlib.cnki.net/kns50/）。这 5 类数据包括工业经济（Industrial Economy，IE），文化经济（Cultural and Economic，CE），市场研究和信息（Market Research and Information，MRI），管理（Management，M），服务经济（Service Economy，SE）。最后一类来自百度网，时事新闻（Current Affair and News，CAN）。经过预处理之后，k-medoids 算法和本书所提的算法 KGA（k-medoids

Genetic Algorithm，KGA）分别被用来进行文本聚类。

1. 实验一

首先，采用 k-medoids 算法进行聚类分析，其结果如表 7-1 所示。

表 7-1　k-medoids 算法聚类结果

	IE	CE	MRI	M	SE	CAN
错误篇数	59	60	55	52	57	1
正确篇数	41	40	45	48	43	4
正确率（%）	41	40	45	48	43	80
时间（秒）	32.5					

2. 实验二

采用 KGA 算法进行聚类分析，结果如表 7-2 所示。

表 7-2　KGA 算法聚类结果

	IE	CE	MRI	M	SE	CAN
错误篇数	12	13	8	9	9	0
正确篇数	89	87	94	91	88	5
正确率（%）	89	88	90	91	90	100
时间（秒）	12375					

比较两个聚类方法的实验结果可以看出，虽然 k-medoids 算法所花费的时间非常少，但是其聚类结果非常差。虽然本书所提的 KGA 算法花费了更多的时间，但是聚类结果非常好，而且能够正确把孤立点找到并聚成一类。

第三节 基于改进社会演化算法的文本聚类新方法

社会演化算法是一种全局搜索的进化算法,该算法基于社会认知的基础之上。社会演化算法已被用来进行聚类问题的研究,[188,189]但不能较好解决孤立点问题。因此,本书提出一种改进的社会演化算法(k-medoids Social Evolutionary Programming,KSEP),该算法能更好地增强种群多样性,提高社会演化算法的寻优性能,提高聚类的精度和孤立点的获取能力。

一、基于 k-medoids 算法的认知主体推理过程

社会演化算法要求每一个个体都是智能的,都具有独立的认知能力,因此需要有认知算法。而为了减少孤立点对算法的影响,同时也为了增强寻找孤立点的能力,本书选择 k-medoids 作为认知算法。

二、范式的确立与更新

1. 范式的确立

首先采用 k-medoids 算法进行聚类,形成若干个体,每个个体由其聚类中心所组成。用 k-medoids 算法形成的往往是局部最优解,不是全局最优解,在这里将其作为初始的进化个体,形成初始的范式,用 F 表示,F[i] 表示第 i 个范式 (i = 1, 2, …, M)。这

第七章 基于改进遗传算法和改进社会演化算法的文本聚类研究

M个范式构成算法最初的进化群体,由于该群体在其最初既是由k-medoids算法所形成,已经是局部最优解,所以会加速算法的进化进程。这M个范式按照其目标函数f(F[i])的值由低到高的顺序排列,即f(F[1])≤f(F[2])≤…≤f(F[M-1])≤f(F[M]),完成范式的确立。

2. 范式的更新

每当有新的范式生成,假定其为F[1]。将该范式的目标函数值和已有的目标函数值做比较,如果其小于某个体的目标函数值,大于另一个体的目标函数值,就将该个体放在这个范式个体之间。即对于j∈(1, M),如果f(F[j-1])<f(F[1])<f(F[j]),则F[j]=F[1],F[j+1]=F[j],…,F[M]=F[M-1]。这样,在整个进化过程中,这M个范式始终处于一种动态更新状态。

三、智能认知主体的学习方式

每一代的认知主体在产生时要遵循一定的规则,在本算法中对其所定的规则是参照前一代的认知主体产生,即:对于第k代的认知主体,其产生一个新的范式要参照第k-1代的范式。在第k-1代,采用轮盘赌的方式进行选择,具体操作如下:

(1)计算出群体中每个个体的函数值。

(2)根据公式(7-2)计算出每个个体的遗传概率。

(3)根据计算出的遗传概率,可以计算出每个个体遗传到下一代中的累积概率。

(4)产生一个在[0, 1]区间内的随机数。

(5)根据随机数选择对应的个体范式。

选出的范式中,可以清晰地表示出第i(i∈[1, n],n为要进行聚类的数据数目)个数据所属的类别h(h∈[1, c],c为聚类数）。我们认为对于类别 h，和其聚类中心 p（p 为类别 h 的均值）相距较近的某些数据体现了认知主体较好的认知行为，应该被第 k 个个体继承其行为，即 c 个类中每一类都保留一定的（事先规定好的一个比例，本书取值 0.45，然后向上取整）数据。被保留的数据仍然是 c 个类别，其余的数据根据与这 c 类的聚类中心（类中各个数据的平均值）的相似度（距离，本书采用欧式距离）分配到这几类中去，从而完成继承，产生一个新的范式。

四、最强范式的强化和衰减

为强化 SEP 的局部寻优能力，可以将"当前最优范式"（F[1]，均方差最小的范式）的学习概率 p_1 人为地适当增大。同时，为防止整个社会群体对最优范式的"趋同"，从而降低全局寻优的能力，p_1 值还应"逐代衰减"，其具体方法如下：

如果在第 k 代产生一个新的"当前最优范式"F[1]，那么在第 k+1 代群体产生过程中，指定范式 F[1] 被学习的概率为 p_1，$p_1 \in (0, 1)$ 其他范式被学习的概率 p_i（i = 2, 3, …, M）为：

$$p_i = [1/f(F[i])](1 - p_1)/\sum_{i=2}^{M} 1/f(F[i]) \qquad (7-3)$$

而在第 k+2 代到第 k+t 代（假设在第 k+t 代"当前最优范式"再次被更新）各代群体生成过程中，范式 F[1] 被学习的概率 p_1 依次为：

第七章 基于改进遗传算法和改进社会演化算法的文本聚类研究

$$p_1^{k+i} = \begin{cases} p_1^k \times (100 - \mu_1^{(i-1)})/100 \\ \text{if } u \leqslant \dfrac{(t-2)}{3} \\ p_1^k \times (100 - \mu_2^{(i-1)})/100 \\ \text{if } \dfrac{(t-2)}{3} < u < \dfrac{2(t-2)}{3} \\ p_1^k \times (100 - \mu_3^{(i-1)})/100 \\ \text{if } u \geqslant \dfrac{2(t-2)}{3} \end{cases} \qquad (7-4)$$

其中，$i \in (2, 3, \cdots, t)$，参数 μ_1，μ_2，μ_3 控制衰减速度，其上标 $(i-1)$ 是乘方的次数。μ_1，μ_2，μ_3 数值越小，衰减越慢。一般来说，$\mu_1 \in (2.5, 3)$，$\mu_2 \in (1.5, 2.5)$，$\mu_3 \in (1, 1.5)$，其他"范式"被继承概率 p_i，$i \in (2, 3, \cdots, M)$ 仍按公式（7-3）计算。

五、认知主体对范式的背叛

设定认知主体变异概率阈值 α，该值判断某个认知主体是否具有叛逆性格；行为变异概率阈值 β，该值判断某个具有叛逆性格的认知主体在其整个行为过程中，哪一次或哪几次具体的行为属于叛逆行为。认知主体在认知前，首先要产生一个随机数，如果该随机数不大于 α，则该认知主体不具有叛逆性格，否则该主体具有叛逆性格。然后再产生一个随机数，如果不大于 β，则该行为不属于背叛行为，按照上述方式继承即可；否则该行为属于叛逆，采用上述方法产生一个新的个体。因为越到后期越接近全局最优，所以认知主体变异概率阈值 α 和行为变异概率阈值 β 要在前期赋予其较大的值，在后期赋予其较小的值。

六、实验分析

实验数据和前文一样,采用 k-medoids 算法进行聚类的结果见表 7-1;采用 KSEP 算法进行聚类的结果见表 7-3。

表 7-3　KSEP 算法聚类结果

	IE	CE	MRI	M	SE	CAN
错误篇数	9	11	8	7	9	0
正确篇数	91	89	92	93	91	5
正确率(%)	91	89	92	93	91	100
时间(秒)	1893					

从以上分析可以看出,KSEP 算法在寻找孤立点和聚类准确率方面都比 k-medoids 算法有所提高,尤其在准确率方面,而且所用时间也较少,是一种有效的文本聚类算法。

本章小结

文本聚类是文本挖掘领域的一块重要研究内容,在许多领域都有应用,对其研究无论从理论上还是实践应用中都是非常有价值的。从研究综述中可以看出,虽然对文本聚类的研究已经较多,但对包含孤立点的文本聚类的研究还较少。因此,本章主要研究进化算法,包括遗传算法和社会演化算法在包含孤立点的文本聚类中的应用研究。本章对遗传算法和社会演化算法都进行了改进,提出了改进的遗传算法和社会演化算法。实验结果表明,这两种算法在搜寻孤立点和聚类精度两个方面都取得了良好的效果。

第八章 基于文本挖掘的产品研发知识地图构建研究

产品研发是一个知识融合、传递和共享的过程，不同知识之间的嫁接、变异、融合，形成了新的技术，从而诞生新的产品。因此，产品研发的关键在于对知识的利用。知识管理的方法有很多，在这其中，知识地图作为一种有效的知识管理工具，对于产品研发具有相当的价值。知识地图是已经获取的知识以及知识之间关系的可视化描述，它可以使不同背景的知识寻求者在不同的详细程度上学习知识，并同其他人进行交流。[190] 知识地图主要是对已有知识的描述，使得人们可以像查其他地图那样获得知识的信息，增强对已有知识的使用。[191]

知识地图在某些领域已经获得了应用，比如情报研究、[192] 知识管理与组织业务流程的有效结合、[193] 学科知识地图的构建、[194] 企业知识管理[195] 等。在产品开发中对于知识地图的应用研究还较少，苏海等人针对机械产品开发的特点，提出一种基于元知识和 XML 的可视化方法来进行产品开发中的知识管理，即利用元知识来统一描述知识内容及背景，并利用可视化技术生成基于 XML 的概念图、流程图、能力图等多种视图的知识地图来减少知识孤岛现象，推动知识的重用。[196]

波兰尼认为人类知识有两类：第一类是通常被描述为知识的，即以书面文字、地图和数学公式加以表达的，称为显性知识；另一类是未被表述的知识，如我们在做事的行动中所拥有的知识，称为隐性知识。这两类知识在产品研发过程中对于研发能否成功都起着非常关键的作用，因此这两类知识都应该是知识地图所包括的知识。但是这两类知识各自有着自己明确的特性，放在一起研究会有一定的困难，也难以体现各自的特性，因而难以构建有效的知识地图。因此，本书将着重研究产品研发中显性知识的知识地图构建问题，产品研发中隐性知识的知识地图构建将在以后进行研究。

第一节　基于知识来源的产品开发过程模型研究

过程管理是指为了达到某种目的，对企业或组织所涉及过程的设计、改进、监控、评估、控制和维护。[197]产品研发过程管理是在知识采集、运用基础上对企业的各种资源进行优化配置，使得企业能够完成产品研发，实现从概念产品到新产品上市的过程，它包含产品研发流程的组织和内容的管理。

20世纪60年代以前，由于西方市场经济还不发达，顾客对于产品的直接需求和间接需求还较少，而企业也没有对市场进行研究，获取顾客需求从而创新产品的意识，因此，大部分产品的创新来自技术的发展。当时，在西方技术创新理论中占主导地位的产品研发模式是技术推动式的。这样的产品研发由于忽视了对顾客的需求导致了很多研发的失败。随着市场经济的发展，越来越多的企业开始意识到顾客才是决定企业生存的根本，企业的产品必须能够为顾客所接受，才能获得盈利。在这样的压力下，更多的企业开始研究市场、研究顾客的需求。在顾客的需求基础上进行产品研发，以获得满足市场需求的产品，比如北大方正的四次技术创新都直接来自于市场的强烈需求刺激。在这种研发模型中，顾客的需求成为企业产品研发的动力，同时也为企业产品研发指明了方向，激励企业去开发更加符合市场需求的产品。

无论是技术推动的产品研发还是需求拉动的产品研发，都有某些方面的缺陷。因此，诞生了技术推动和需求拉动相结合的复合产品研发模型，[198] 如图8-1所示。

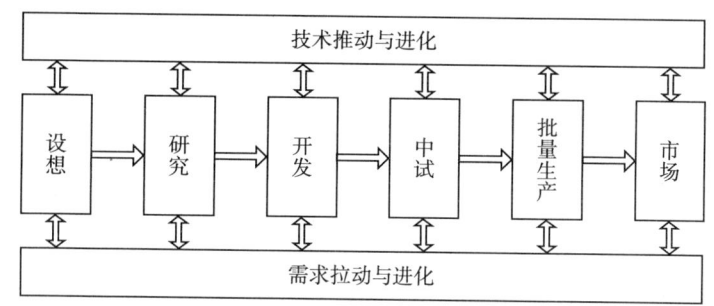

图8-1　产品创新的复合环状过程

在对产品研发过程进行研究中，很多学者提出了自己的产品研发过程模型。Rogers认为产品研发管理的发展经历了五个阶段。[199] 1986年，Kline和Rosenberg提出了创新过程的集成模型；[200] 1992年，Roy Rothwell又提出一种衡量创新过程不同方面的新模型——系统集成和网络模型；[201,202] 翟丽将产品开发过程模型分为结构化过程模型、权变模型和信息模型。[203] 为了能更好地梳理产品研发中所包含的知识，更好地体现产品研发过程，综合以上研究成果，本书提出新的产品研发过程模型，如图8-2。

企业在进行产品研发时，首先需要有自己的构想，构想是否合适，对于以后产品研发能否成功有着决定性的影响。一个不合适的构想不但会浪费企业很多的人力、物力、财力，而且还会增加企业产品研发的时间，甚至使得企业失去最佳的产品投入市场的时机。因此，如何提出构想对于企业研发来讲十分重要。本书提出了影响产品研发构想的五个因素：现有技术、相关技术、替代技术、消费者现有需求、消费者潜在需求。现有技术是产品研发的基础，任何

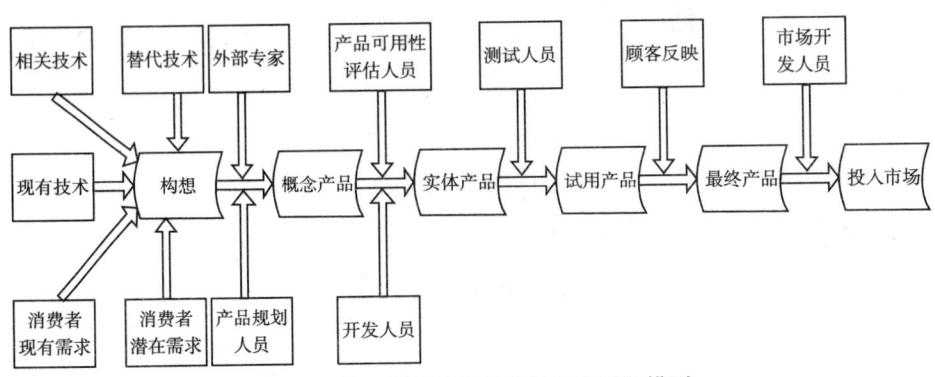

图 8-2　基于知识来源的产品开发过程模型

产品的研发都必须在现有技术的基础上做出。因此，产品构想的提出首先要对现有技术有一个清晰的了解。相关技术是指其产生的产品与现有技术产生的产品具有相关关系的技术，比如互补技术等。相关技术对于企业的产品研发也具有相当的影响，对其也要有一个清晰的了解。替代技术是指其产生的产品可以与现有技术产生的产品形成替代关系的技术，如果替代技术产品具有超越现有技术产品的趋势，那么依靠现有技术进行产品研发就是非常不可行的；如果替代技术产品和现有技术产品相似甚至更低，那么现有技术才具有依靠其进行产品研发的价值。企业产品研发最终目的是为了提高企业核心竞争力，而要想做到这点，必须使得企业研发出的产品能够得到消费者的认可，因此消费者的需求就是企业必须考虑的因素。消费者需求分为现有需求和潜在需求两个方面：消费者现有需求是指消费者对于产品性能的明确清晰的需求，这些需求是基于消费者现在生活、工作而产生的；消费者潜在需求是指有某方面的需求，这些需求也是基于消费者现在生活、工作而产生的，但这种需求还不是很清晰，消费者还没有明确清晰的表示，需要企业去发掘，从而唤醒消费者的这种需求。

产品研发中，当研发人员明确了构想之后，下一个步骤就是提出概念产品。概念产品是实体产品的理论模型，一个理想的概念产品是产生实体产品的必要前提。这个阶段需要对相关技术理论相当熟悉、有深入研究的人员，而在理论掌握方面，一些高校和研究机构的人员是具有很大优势的，因此可以与他们合作。除此之外，还需要产品规划人员的参与。产品规划人员是定义产品的人员，他们通常会做很多研究，通过跟踪市场用户、做市场调查、看行业的报告，从而确定产品 3~5 年的发展规划。作为产品规划人员最重要的一点，就是要有前瞻性，不仅仅是能看到现在市场是什么样的，而更要能看到 3~5 年以后市场会是什么样的。产品规划人员对于产品的市场适应性、产品的未来发展都有着十分重要的作用。

实体产品是在概念产品的理论模型的基础上开发出来的。对于实体产品的开发，除了要有产品研发人员的参与，还必须有产品可用性评估人员的参与，他们主要做的就是保证产品可用、易用，而且能够容易被用户接受。

当实体产品研制成功后，企业需要测试人员对产品进行测试。测试人员的工作要独立完成，不能受任何人的影响。其在某些情况下，要设身处地地把用户的需求和利益放在首位，甚至要把自己想象成用户。如果测试人员认为这个产品无法取得用户的认可，就要进行产品的重新设计和开发；如果测试人员认为产品适合市场需求，就进入下一个阶段，试用产品的小批量生产。

企业在生产最终产品前，要小批量生产试用产品。试用产品投入市场后，根据顾客的意见、试用产品的反应，对试用产品进行修改，并确定最终产品。

最终产品经市场开发人员的各种营销策略、各种营销渠道，最终投入市场。

第二节　产品开发过程模型各阶段的知识分析

第一个阶段是构想阶段，影响企业构想的因素有五个，这五个因素也是这个阶段知识的五个来源。现有技术、相关技术、替代技术这三类来源都是关于技术类的，技术知识按照其包含的内容来讲可以分为理论知识和应用知识。理论知识包括原理描述类知识、公式描述类知识和规则描述类知识。原理描述类知识是指对技术相关理论进行表述、分析、讲解类的知识；公式描述类知识是对技术相关公式进行表述、分析、讲解类的知识；规则描述类知识是对技术相关规则进行表述、分析、讲解的知识。应用知识是指对于技术相关的原理、公式、规则进行应用的知识。一项技术包含若干的原理类知识、公式类知识、规则类知识，但这些知识如何有机交融、形成一项技术，却是非常困难的。有关这些知识有机交融、形成技术的知识就是技术的应用知识。理论知识属于显性知识，应用知识属于隐性知识。技术知识按照其载体来分，可以分为文本知识、数据库知识、视音频知识、存在于人的知识、存在于组织的知识。其中，文本知识、数据库知识、视音频知识属于显性知识，存在于人的知识和存在于组织的知识属于隐性知识。消费者现有需求是指消费者对于产品性能的明确清晰的需求，符合显性知识的特征，属于显性知识；消费者潜在需求是指有某方面的需求，但还不是很清晰，这种需求被企业发掘出来，有些能够清晰表达，属于显性知识；有些仍不能被清晰表达，属于隐性知识。

第二个阶段是概念产品产生阶段，概念产品的产生需要外部专家和产品规划人员的努力。外部专家对理论知识掌握得更为深刻、广泛，其在概念产品产生时对于知识的选择将对概念产品的产生具有非常重要的作用,其所选择的知识内容是为显性知识。而如何运用这些知识去产生概念产品则是隐性知识。产品规划人员要有前瞻性,不仅仅是能看到现在市场是什么样的,而更要能看到3~5年以后会是什么样的。产品规划人员对未来进行判断必须有一定的依据,这些依据主要通过以下途径获得:通过大量研究、跟踪市场用户、做市场调查和查看行业的报告。产品规划人员从以上途径所获得的判断依据属于显性知识,产品规划人员对这些依据的运用,从而对概念产品的产生起到重要指导作用的知识和能力,属于隐性知识。

第三个阶段属于实体产品产生阶段。该阶段知识的来源有两个,分别是产品可用性评估人员和开发人员。产品可用性评估人员需要对产品进行评估,要保证产品可用、易用,而且能够容易被用户接受。这种评估需要一个客观的评价标准,评估人员运用标准进行客观评价的能力以及评估人员的某些主观的评估。评价标准属于显性知识,评估人员运用标准的能力以及主观的评估属于隐性知识。开发人员是进行开发实体产品的人员,其知识构成也分两个部分:一部分来自客观的、应用于产品开发的知识,属于显性知识;另一部分来自其本身的对产品进行开发的能力,属于隐性知识。

第四个阶段是生产试用产品阶段。测试人员对产品的最终评价是能否生产试用产品的关键。测试人员要根据自己的独立判断,对产品是否适用于用户做出评价。这种评价需要测试人员站在用户和产品两个角度做出,因此这种评价标准的来源就是用户和产品两个方面,评价标准属于显性知识。同时,测试人员还会有自己的判断和运用标准进行评价的能力,属于隐性知识。

第五个阶段是最终产品生产阶段。这个阶段顾客的反映是最终产品形成的关键。顾客对一个产品的评价主要从产品性能、产品质量、产品外观等方面,其对产品是否认可主要由自己主观愿望所决定。顾客对产品的评价主要由主观愿望决定,因此其知识主要以隐性知识为主。但也有一些可以明确表述的评价内容，构成了显性知识。

第六个阶段是投入市场阶段。这个阶段主要需要市场开发人员的参与。市场开发人员需要采用合适的营销方法和手段把产品推向市场，市场开发人员可以利用已经成熟的营销策略或创新形成的营销策略来进行市场开发，推出企业研发的产品，这其中要用到大量的知识。已经形成的营销策略和手段，创新形成的营销策略和手段都属于显性知识。而运用这些营销手段进行产品推广、市场开发的能力以及开发新的营销手段的能力，均属于隐性知识。

由以上分析可以看出，在企业产品研发过程中的各个阶段都有着知识的作用。大量的显性知识和隐性知识构成了一个复杂的知识体系。而在这个知识体系中，有一类知识数量很多，而且起着非常重要的作用，即文本知识。为了能更好地认识文本知识、了解文本知识、利用文本知识，就需要构建一个关于产品研发的文本知识地图。

第三节 基于文本挖掘的产品研发文本知识地图构建

文本知识地图作为一种有效的文本知识管理工具，首先必须要保证其中包含的知识是正确的、适用的。这需要采用文本挖掘方法对所获得的文本数据进行分析、加工，以获得企业研发所需要的文本知识。进而在文本知识地图构建方面，也需要采用文本挖掘方法分析文本知识的相似性和相关性，需要把相似性较高的文本知识放在一起，形成某一类文本知识，同时也要考虑各类文本知识之间的关联性。文本知识地图的构建步骤如图8-3所示。

第八章 基于文本挖掘的产品研发知识地图构建研究

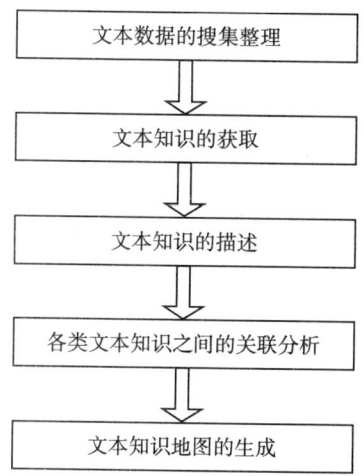

图8-3 基于文本挖掘的产品研发文本知识地图构建步骤

一、文本数据的搜集整理

在企业中存在着大量与研发相关的文本数据,这些文本数据主要有以下几个来源:企业日程累积下来的数据;从外部相关数据库中或其他载体中搜集到的相关文本理论;企业内外部调研得到的文本数据;从网络或其他途径得到的相关研发文本数据信息。这些纷繁复杂数量众多的文本数据都可能对企业的研发起到某些作用,有些甚至是关键作用。因此,为了保证企业某一次及后续研发能够顺利高效地进行,必须搜集尽可能全的原始数据,这样才能保证构建的知识地图的有效性。

二、文本知识的获取

通过搜集原始文本数据,可以获得大量的文本数据资料,而要从大量的文本数据中获取适用于文本知识却是很难的。而企业研发所涉及的文本知识种类和数量又很多,因此文本知识的获取具有相当的难度。有鉴于此，本部分采用文本挖掘技术对搜集到的原始文本数据进行处理，以获得对企业研发具有价值的文本知识。文本挖掘中的聚类方法可以把企业中的大量文本数据进行聚类处理，形成若干个文本数据类别，类内数据相似度高，类间数据相异度高，从而形成能体现不同信息的数据类。本书主要采用两种算法进行聚类：第一种是基于改进遗传算法和k-medoids算法相结合的文本聚类算法，主要对文本数据信息进行聚类；第二种是基于改进社会演化算法的文本聚类算法。

通过文本聚类算法可以把原始的文本数据划分为若干个不同的文本类，每一类文本数据都具有自己典型的特征。从而可以知道每一类文本在某个产品研发中是否能够起到作用，能够起到什么样的作用。那些对产品研发没有太多作用的文本数据将会被剔除，这样可以减少大量的文本数据的分析；而那些有用的文本数据将会被保存，形成产品研发所需的文本知识。

三、文本知识的描述

经过上一个步骤，对产品研发无关的冗余文本数据被剔除，而对产品研发贡献较大的文本数据被保留，形成文本知识。但文本知识数量仍然是较大的，必须对这些文本知识进行简单深入的描述。这种描述可以让研发者使用很少的时间发现该类文本知识所包含的主要内容，进而可以知道怎样去利用这些文本知识。

四、基于文本关联规则的各类文本知识之间的联系的研究

知识往往不是孤立的，各类知识之间都有或多或少的联系。对于产品研发者而言，了解各类知识之间的联系是非常必要的。可以

采用文本挖掘中的关联规则对各类知识之间的联系进行研究。关联模式是数据项之间存在的关联规则，是在同一事件中出现的不同项之间的相关性，比如顾客在同一次购买活动中所购买的不同商品之间的相关性。最著名的关联规则挖掘算法是由 Agrawal 等人于 1994 年提出的 Apriori 算法。Apriori 算法的基本思想是：统计多种商品在一次购买中共同出现的频数，将出现频数多的搭配转换为关联规则。Apriori 算法的核心是用前一次扫描数据库的结果产生本次扫描的候选项目集，从而提高搜索的效率。通过文本关联规则挖掘可以分析各类文本知识之间的联系，从而提高文本知识的利用率。

五、文本知识地图的生成

文本知识地图是文本知识存储地点及其关系的综合，因此需要将复杂的文本知识分解为较为简单容易掌握的文本知识单元，同时还需要对这些知识单元予以分级，并根据文本知识单元之间的关系进行文本知识的关联。在对文本知识收集整理、分解、分级之后，还需要对文本知识进行标引。标引就是标识、引导，是描述文本知识内容的信息。生成二次文献时，需要进行分类标引、作者标引、作者单位标引、主题标引等，其中主题标引是最重要的标引，其流程如下：获得机器可读的待标引文本知识；语句分析；词语加权；确定标引词的权值；选出标引词；转换；文档生成与索引编辑输出；反馈。[204] 完成上述工作后，即可按照某种算法和规则生成文本知识地图，完成文本知识地图的构建。

本章小结

产品研发是一个知识融合、共享的过程，不同知识之间的嫁接、变异、融合形成了新的技术，从而诞生新的产品。在企业产品研发中存在大量的文本知识，如何利用这些文本知识对产品研发非常重要。要想获得文本知识，需要采用文本挖掘的方法对搜集到的大量的文本数据进行深入研究，从而获得产品研发所需的文本知识。获得文本知识后，构建文本知识地图，从而提高产品研发的效率。

第九章 总结和展望

数据挖掘和文本挖掘是当前一个重要的研究领域,将遗传算法和社会演化算法应用到数据挖掘和文本挖掘中去,还存在许多值得研究的内容,因此基于遗传算法和社会演化算法的数据挖掘和文本挖掘具有较大的理论意义和实用价值。

第一节 本书总结

本书研究了基于遗传算法和社会演化算法的数据挖掘和文本挖掘方法,主要包括数据挖掘中的聚类问题和文本挖掘中的特征降维和聚类问题。所做的主要工作内容如下:

(1)介绍了有关聚类和文本特征的有关概念,对现有的聚类和文本特征降维方法做出了评述,指出了其中的不足。

(2)提出一种基于遗传算法和k-medoids算法的新的聚类方法。该方法能够较好地解决孤立点和局部最优的问题,同时由于和k-medoids相结合,可以加快遗传算法的收敛速度,节约时间成本。

(3)提出一种基于遗传算法和模式聚合的文本特征降维方法。文本向量空间具有极高的维数,通常具有几千维、上万维甚至十几万维,因此文本特征降维成为一个难点。而据笔者所知采用遗传算法进行文本特征降维从未有人研究过,本书采用模式聚合和遗传算法相结合对文本特征进行降维,取得了良好的效果。

(4)提出一种基于遗传算法和潜在语义索引的文本特征降维方法,该算法能对文本向量空间进行降维,效果良好。

(5)提出一种基于社会演化算法的聚类新方法,采用k-均值作为社会演化算法中认知主体的认知算法,把认知主体的认知结果作为初始的范式集合,以此作为基础进行继承和叛逆。该算法能较好地解决k-均值算法的局部最优的问题,同时,由于社会演化算法本身的特性可以提高聚类的效率。

(6)提出一种基于混沌的新的社会演化算法的聚类新方法。社会演化算法是一种很好的优化算法,但其变异的方式限制了其在全局范围内寻找最优解的能力。本书采用混沌变异算子在社会演化算法中代替原有的认知主体对范式的背叛,利用混沌变异算子的遍历性,提高社会演化算法的全局搜索能力,并把其用于数据和文本的聚类中,取得了良好的效果。

(7)提出将k-medoids算法和遗传算法、社会演化算法相结合的文本聚类算法,该算法可以进行高效文本聚类,并能识别孤立点。

(8)将文本挖掘方法应用于产品研发决策中。以文本形式存在的数据是非常多的,如何从中找到产品研发所需的知识以提高产品研发决策效率是非常必要的。本书将文本挖掘方法应用到产品研发决策中,构建文本知识地图,能够提高产品研发的效率和质量。

第二节 待研究的问题和研究前景展望

一、待研究的问题

由于时间的限制，本书的研究内容还有以下三个方面的工作值得进一步的研究：

（1）对于本书第五章的社会演化算法和第六章的混沌社会演化算法，其比较严谨的时间复杂度和数学性质的分析需要进一步做出研究。

（2）本书第二章是用遗传算法和 k-medoids 算法相结合作聚类研究，其数据的属性均属于数值属性，显然在实际应用中还会遇到很多非数值的属性，对于非数值属性如何采用遗传算法进行聚类，本书研究并没有涉及，还需要进行进一步的深入研究。

（3）文本挖掘在产品研发决策中的应用问题还需要进一步深入研究。

二、研究前景展望

遗传算法和社会演化算法作为进化算法具有很强的全局搜索能力，二者在数据挖掘和文书挖掘中仍然有很多问题值得研究和探讨，具体内容如下：

（1）遗传算法在复杂类型数据集聚类分析的研究应用。现实世界中，数据通常是复杂或混合的，甚至存在特征不完整的数据、特征刻画为非精确数值等形式。对于这样的数据，如果采用遗传算法进行聚类,如何进行统一的编码或混合编码,如何进行选择、交叉和变异的问题,显然具有很大的挑战性。而对这样数据的聚类应该是实际应用的一个重要方面,具有很大的研究前景。

(2)在数据当中,确定性的数据是一大类,模糊数据是另一大类。模糊集理论和粗糙集理论虽然出发点和侧重点并不相同,但二者都是用来处理不确定性和不精确性数据的。将遗传算法、社会演化算法和模糊集理论与粗糙集理论相结合用来解决模糊数据会有广阔的研究前景。

(3)社会演化算法中,认知主体本身所具有的认知能力会对算法本身的结果具有较大的影响,对其所具有的不同认知能力的研究具有较大的研究前景。

(4)相对于数据挖掘,文本挖掘是一个较新的研究领域,遗传算法和社会演化算法在文本关联规则和文本分类方面的研究工作具有很广阔的研究前景。

(5)产品研发中,如何采用文本挖掘方法构建文本知识场等问题也是需要深入研究的。

参考文献

[1] Ming-syan Chen, Jiawei Han and Philips Yu. Data Mining: An Overview from A Database Perspective. IEEE Transactions on Knowledge and Data Engineering, 1996, 8(6): 866~883.

[2] Jiawei Han. Data Mining Concept and Techniques. 北京: 机械工业出版社, 2001.

[3] P.Adriaans and D.Zantinge. Data Mining. Addison-Wesley: Harlow, England, 1996.

[4] M.Ankerst, C.Elsen, M.Ester, and H.-P.Kriegel. Visualassification: An Interactive Approach to Decision Tree Construction. In Proc. 1999 Int. Conf. Knowledge Discovery and Data Mining (KDD'99), San Diego, CA, Aug 1999, 392-396.

[5] 郭萌, 王珏. 数据挖掘与数据库知识发现: 综述, 模式识别与人工智能, 1998, 11(3): 292~299.

[6] S. Chaudhuri and U. Dayal. An Overview of Data Warehousing and OLAP Technology, ACM SIGMOD Record, 1997, 26: 65~74.

[7] W.H. Inmon. Building the Data Warehouse. John Wiley, 1996.

[8] D.A. Keim. Visual Techniques for Exploring Databases. In Tutorial Notes, 3rd International Conference on Knowledge Discovery and Data mining. (KDD97), Newport Beach, CA, August, 1997.

[9] 唐常杰, 杨福华, 杨璐. 数据挖掘的基本方法及其与专家

系统的差异.计算机应用,1999,19(3):17~20.

[10] S.Agarwal, R.Agrawal, P.M. Deshpande, A.Gupta, J.F. Naughton, R. Ramakrishnan, and S. Sarawagi. On the Computation of Multidimensional Aggregates, In Proc. 1996 Int. Conf. Very Large Data Bases. Bombay, India, September, 1996, 506~521.

[11] P.M. Aoki, Generalizing Search in Generalized Search Trees, In Proceedings 1998 International Conference. Data Engeering (ICDE'98), April 1998.

[12] 王光宏,蒋平.数据挖掘综述.同济大学学报,2004,32(2):246~252.

[13] Han J W, Michelline K. 数据挖掘概念与技术,范明,孟晓峰,译.北京:机械工业出版社,2001.

[14] Agrawal R, Srikant R. Fast Algorithms for Mining Association Rules, In Proceedings of the 20th International Conference on very large Databases. Santiago: Morgan Kaufmann, 1994, 487~499.

[15] Agrawal R, Shafer J C.Parallel Mining of Association Rules. IEEE Transaction on Knowledge and Data Engineering, 1996, 8 (6): 962~969.

[16] 陈富赞,寇继淞,王以直.数据挖掘方法的研究.系统工程与电子技术,2000,22(8):78~81.

[17] Hiroyuki Kawano, Overview of Mondou Web Search Engine Using Text Ming and Information Visualizing Technologies. Digital Libraries: Research and Practice, 2000 Kyoto, International Conference, 2000, 234~244.

[18] 郑纬民.数据挖掘纵览.北京:清华大学出版社,1998.

[19] Mitra, Sankar K.Pal. Data Mining in Soft Computing Framework: Survey. IEEE Transactions on Neural Networks, 2002, 13 (1): 3~14.

[20] R.Kimball. The data warehouse toolkit. John Wiley&Sons, New York, 1996.

[21] D.P. Ballou and G.K.Tayi. Enhance Data Quality in Data Warehouse Environments. Communication of ACM, 1999, 42: 73~78.

[22] H.Liu H.Motoda, editor, Feature Selection for Knowledge Discovery and Data Mining, Boston, MA: Kluwer Acadmic Publishers, 1998.

[23] Martin T. Hagan, Howard B. Demuth, Mark H.Beale. 神经网络设计（戴葵）. 北京：机械工业出版社，2003，285~311.

[24] 史忠植. 知识发现. 北京：清华大学出版社，2002.

[25] A.Bruce, D.Donoho, and H.Y. Gao. Wavelet Analysis. In IEEE Spectrum, 1996, 26~35.

[26] H. Almuallim and T.G. Dietterich. Learning with Many Irrelevant Features. In Proceedings 9th National Conf. On Artificial Interlligence (AAAI'91), 1991, 547~552.

[27] 梅馨，邢桂芬. 文本挖掘技术综述，江苏大学学报，2003，24（5）：72~76.

[28] 王伟强，高文. Internet 上的文本数据挖掘，计算机科学，2000，27（4）：32~37.

[29] Lynn Yaling, and Hon Keung Kwan, Fuzzy Classifications Using Fuzzy Inference Networks, IEEE Transactions on Systems, Man and Cybernetics-part B: Cybernetics, 1998, 28（3）：334~347.

[30] Ronen Feldman and Ido Dagan, KDT-Knowledge Discovery in Textual Databases, In Proceedings of the 1st Annual Conference on Knowledge Discovery and Data Mining, 1995：112~117.

[31] AH-HWEETAN. Text Mining: The State of the Art and the Challenges, PAKDD'99 Workshop on Knowledge Discovery from Advanced Databases (KDAD'99), Beijing, 1999.

[32] Y.Yang and Pedersen J.P.A Comparative Study on Feature Selection in Text Categorization. In Proceedings of the 4th International Conference on Machine Learning (ICML'97), 1997, 412~420.

[33] Soumen Chakrabarti, Byron Dom, Rakesh Agraeal, Prabbakar Raghavan. Using Taxonomy, Discriminants, and Signature for Navigating in Text Databases. In Proceedings of the 23rd VLDB Conference, 1997, 446~455.

[34] Hwee Tou Ng, Wei Boon Goh, Kok Leong Low. Feature Selection, Perceptron Learning, and a Usability Case Study for Text Categorization, SIGIR'97, 67~73.

[35] T.Joachims. Text Categorization with Support Vector Machines: Learning with Many Relevant Features. In 10th European Conference on ML, 1998, 137~152.

[36] Y.Yang and J.P. Pedersen. An Example-based Mapping Method for Text Categorization and Retrieval, ACM Transaction on Information Systems (TOIS) 1994, 12 (3): 252~277.

[37] Hearst M.A. and Pederson J.Reexamining the Cluster Hypothesis: Scatter/Gather on retrieval results. In Proceedings of the 9th International ACM SIGIR Conference on Research and Development in Information Retrieval, Zurich 1996, 76~84.

[38] P.Willet. Recent Trends in Hierarchical Doucument Clustering: A Critical Review Information Processing and Management, 1998, 24 (5): 577~597.

[39] 汤宇松, 刘相峰, 黄亚楼等. 数据挖掘系统设计. 系统工程理论与实践, 2000, 9 (8): 56~63.

[40] A.Arning, R, Agrawal and P. Raghavan. A Linear Method for Deviation Detection in Large Dadabase. In Proc. 1996 Int.Conf.Data Mining and Knowledge Discovery (KDD'96), Portland, Or.Aug,

1996，164~199.

［41］吉根林，帅克，孙志挥. 数据挖掘技术及其应用，南京师大学报（自然科学版），2000，23（2）：25~27.

［42］Douglas R. Cutting, David R.Karger, Jan O. Pedersen, and John W.Tukey. Scatter/Gather: A Cluster-based Approach to Browsing Large Document Collections, SIGIR'92, 1992, 318~329.

［43］Brin S. Extracting Patterns and Relations from the World Wide Web. In Proceedings of Web DB Workshop at EDBT'98, Valencia, 1998.

［44］Wang Ke and Liu Huiqing. Schema Discovery from Semi-structured Data. In Proceedings of the 1st International Conference on Knowledge Discovery and Data Mining, Newport Beach, 1997.

［45］Ronen Feldman and Ido Dagan. KDT-Knowledge Discovery in Textual Database. In Proceedings of the 1st Annual Conference on Knowledge Discovery and Data Mining, 1998, 112~117.

［46］Wuthrich B, Permunetilleke D. and Leung S.etal. Daily Prediction of Major Stock Indices from Textual WWW Dat. In Proceedings of the 4th International Conference on Knowledge Dicovery, New York, 1998.

［47］C.Darwin. On the Origin of Species by Means of Natural Selection. London: John Murry, 1859.

［48］J.D.Bagley. The Behavior of Adaptive Systems which Employ Genetic and Correlation Algorithms. Dissertation Abstracts International, 1967, 28（12）：5016B.

［49］R.B.Hollstien. Artifical Genetic Adaptation in Computer Control Systems. Doctoral Dissertation, University of Michigan, No. 71-23773, 1971.

［50］J.H.Holland. Adaptation in Natural and Artificial Systems.

University of Michigan Press, Ann Arbor, 1975.

[51] K.A.DeJong. An Analysis of A Class of Genetic Adaptive Systems. Ph D Dissertation, No.76~9381, University of Michigan, 1975.

[52] L.D.Davis. Genetic Algorithms and Simulated Annealing. Morgan Kaufmann, Lots Alots, 1987.

[53] D.E.Goldberg. Genetic Algorithms in Search, Optimization and Machine Teaming, Reading, MA: Addison Wesley, 1989.

[54] L.Davis. Handbook of Genetic Algorithms, New York: Van Nostrand Reinhold, 1991.

[55] 陈国良,王煦法等. 遗传算法及其应用. 北京: 人民邮电出版社,1996.

[56] D.E.Goldberg. Optimal Initial Population Size for Binary-coded Genetic Algorithms (TCGA Report No.85001), University of Alabama, The Clearing-house for Genetic Algorithms, 1985.

[57] A.D.Bethke. Genetic Algorithms as Function Optimizers. Dissertation Abstracts 1980, 41 (9): 3503B.

[58] D.E.Goldberg. Genetic Algorithms and Walsh Functions: Part I, A Gentle Introduction, Complex Systems 3, 1989, 129~152.

[59] D.E.Goldberg, Genetic Algorithms and Walsh Functions: Part II, Deception and Its Analysis, Complex Systems 3, 1989, 153~171.

[60] R.Tanese. Distributed Genetic Algorithms, J. D. Schaffer (Ed), Proceedings of the 3th International Conference on Genetic Algorithms, San Mateo, CA. Morgan Kaufmann. 1989.

[61] S.Forrest and M.Mitchell. The Performance of Genetic Algorithms on Walsh Polynomials: Some Anomalous Results and Their Explanation. In R. K. Belew and L. B. Booker (Eds). Proceedings of

the 4th International Conference on Genetic Algorithms, San Mateo, CA: Morgan Kaufmann. 1991.

[62] M.Mitchell, J.H.Holland. When Will A Genetic Algorithm Outperform Hill Climbing? S.Forrest, eitors, Proceedings of the 5th International Conference on Genetic Algorithms 1993.

[63] E.V.Nimwegen, J.P.Crutchfield and M.Mitchell. Finite Populations Induced Metastability in Evolutionary Search. Physics Letters A, 1997.

[64] D.E.Goldberg and P.Segrest. Finite Markov Chain Analysis of Genetic Algorithms. Genetic Algorithms and Their Applications: Proceedings of the Second International Conference on Genetic Algorithms, 1987, 1~8.

[65] G.Rudolph. Convergence Analysis of Canonical Genetic Algorithms. IEEE Transactions On Neural Networks, 1994, 5 (1), 96~101.

[66] X.F.Qi and F.Palmieri. Theoretical Analysis of Evolutionary Algorithms with An Infinite Population Size in Continuous Space Part I: Basic Properties of Selection and Mutation, IEEE Transactions On Neural Networks, 1994, 5 (1): 102~117.

[67] X.F.Qi and F.Palmieri. Theoretical Analysis of Evolutionary Algorithms with An Infinite Population Size in Continuous Space Part II: Analysis of the Diversification Role of Crossover, IEEE Transactions On Neural Networks, 1994, 5 (1): 120~129.

[68] 张讲社,徐宗本,梁怡.整体退火遗传算法及其收敛充要条件.中国科学(E),1997,27(2):154~164.

[69] 王丽薇,拱勇,拱家荣等.遗传算法的收敛性研究.计算机学报,1996,19(10):794~797.

[70] J.D.Schaffer et. al.. A Study of Control Parameters Affecting

Online Performance of Genetic Algorithms for Function Optimization, Proceedings, 3rd. Conf. Genetic Algorithms, 1989, 51~60.

[71] J.J.Grefenstette. Optimization of Control Parameters for Genetic Algorithms. IEEE Trans on Systems, Man and Cybernetics, 1986, 16(1): 122~128.

[72] T.C.Fogarty, Varying the Probability of Mutation in Genetic Algorithms, Proc. 3rd. Conf. Genetic Algorithms, 1989, 104~109.

[73] D.Whitely et al., Genitor I: A Distributed Genetic Algorithms. J.Expt. Ther. Intell., No.2, 1990, 189~214.

[74] S.Baluja and R.Caruans. Removing the Genetics from the Standard Genetic Algorithms. In A. Prieditis and S. Russel, editors, Proceedings of ICML95, Morgan Kaufmann, 1995, 38~46.

[75] C.Ravise and M.Sebag. An Advanced Evolution Should Not Repeat Its Past Errors, In L. Saitta, editor, Proceedings of the 13th International Conference on Machine Learning, 1996, 400~408.

[76] C.Ravise, M.Sebag, and M.Schoenauer. An Induction-based Control for Genetic Algorithm. In J.-M. Alliot, E. Lutton, E. Ronald, M. Schoenauer and D.Snyers editors, Artificial Evolution, Speinger-Verlag, 1996, 100~119.

[77] M.Sebag and M.Schoenauer, Controlling Crossover through Inductive Learning. In Davidor Y, Schwefel H.P. and Manner R., editors, Proceedings of the 3rd Conference on Parallel Problems Solving from Nature, Springer-Verlag, LNCS 866, 209~218.

[78] N.N.Schraudolph and R.K.Belew, Dynamic Parameter Encoding for Genetic Algorithms, Machine Learning, 1992, 9(1): 9~21.

[79] 孟庆春. 带有对称编码的基因算法的研究. 电子学报, 1996, 24(10): 27~31.

[80] M.A.Potter, The Design and Analysis of A Computational Model of Cooperative Coevolution: [PhD. Dissertation], George Mason University, 1997.

[81] M.A.Potter and K.A.De Jong. A Cooperative Coevolutionary Approach to Function Optimization Y. Davidor and H.P. Schwefel (Eds.), Proceedings of Third Conference on Parallel Problem Solving from Nature, Springer-Verlag, 1994, 249~257.

[82] D.E.Moriarty and R. Miikkulainen, Efficient Reinforcement Learning Through Symbiotic Evolution, Machine Learning 1996, 22 (1): 11~33.

[83] D.B.Fogel, Applying Evolutionary Programming to Selected Traveling Salesman Problems, Cybernetics and Systems 24, 1993, 27~36.

[84] J.J.Gerfenstette, et al., Genetci Algorithms for Traveling Salesman Problem, Proceedings of An International Conference on Genetic Algorithms and Their Applications, 1985, 160~168.

[85] D.E.Goldberg and R.Lingle, Alleles, loci, and the Traveling Salesman Problem, Proceedings of An International Conference on Genetic Algorithms and Their Applications, 1985, 154~159.

[86] 陈贤富, 庄镇泉等. 遗传算法的自适应进化策略及 TSP 问题的遗传优化. 电子学报, 1997, 25 (7): 111~114.

[87] V.Nissen, Solving the Quadratic Assignment Problem with Clues from Nature, IEEE Trans. On Neural Networks, 1994, 5 (1): 66~72.

[88] Z.Michalewica, et al., Genetic Algorithms and Optimial Control Problems, Proc. 29th. IEEE conf. Decision and Control, 1990, 1664~1666.

[89] Z.Michalewica, et al, A Modified Genetic Algorithms for Optimal Control Problems, Computers Math, Applic, 1992, 23 (12): 83~94.

[90] T.M.Mudock, et al, Use of A Genetic Algorithm to Analyze Robust Stability Problems, Proc. American Control Conf, Boston, 1991, 886~889.

[91] K.Krishnakumar, Micro-genetic Algorithms for and Non-stationary Function Optimization, SPIE Intelligent Control and Adaptive Systems, 1989, 289~296.

[92] B.Potter and A.H.Jones, Genetic Tuning of Digital PID Controllers, Electronic Letters, 1992, 28 (9): 834~844.

[93] K.Kristinsson and G.A.Dument, Systems Identification and Control Using Genetic Algorithms, IEEE Trans. SMC, 1992, 22 (5): 1033~1046.

[94] L.M.Freeman, et al., Tuning Fuzzy Logic Controller Using Genetic Algorithms Aerospace Applications, Proc. AAAIC, Dayton, 1990, 351~358.

[95] 金耀初, 蒋静坪. 基于遗传算法的模糊控制器分析. 模式识别与人工智能, 1997, 10 (1): 75~80.

[96] P.J.B. Hancock and L.S. Smith, Gannet: Genetic Design of A Neural Network for Face Recognition, H.P. Schwefel and R.Manner (Eds.), Parallel Problem Solving from Nature, Heidelberg: Springer Verlag, 1991, 292~296.

[97] M.Vittorio, Genetic Evolution of the Topology and Weight Distribution of Neural Networks, IEEE Trans. On Neural Networks, 1994, 5 (1): 39~53.

[98] D.Whitley and T. Hanson, Optimizing Neural Netowrks Using Faster, More Accurate Genetic Search, J.D.Schaffer (Ed.),

Proc. of the Third Int. Conf. on Genetic Algorithms and Their Applications, San Mateo, CA: Mogran Kaufmann. 1989, 391~396.

[99] D. Whitley, T. Starkweather and C. Bogart, Genetic Algorithms and Neural Networks: Optimizing Connections and Connectivity, Computing 14, 1990, 347~361.

[100] J.A.Peter, et al., An Evolutionary Algorithm that Constructs recurrent neural networks, IEEE Trans. On Neural Networks, 1994, 5(1): 54~65.

[101] B.Jerzy and W.Harry, Shape Analysis Using Genetic Algorithms, Pattern Recognition Letters 14, 1993, 965~973.

[102] D.J. C.Andrew et al., Inexact Graph Matching Using Genetic Search, Pattern Recognition, 1997, 30(7): 953~970.

[103] M.Mirmehdi et al., Genetic Optimization of Image Feature Extraction Process, Pattern Recognition Letter 18, 1997, 355~365.

[104] C.Jacquelin et al., Evolving Descriptions for Texture Segmentation, Pattern Recognition, 1997, 30(7): 1069~1079.

[105] 刘建庄, 谢维信, 高新波. 一种图象中基元检测的新方法. 电子科学学刊, 1997, 19(2): 183~389.

[106] 侯格贤, 吴成柯, 刘靖. 基于多参量遗传算法的运动目标分割方法. 电子学报, 1998, 26(1): 11~14.

[107] 侯格贤, 吴成柯. 一种集合 GA 的自适应目标分割方法. 西安电子科技大学学报, 1998, 24(3): 227~230.

[108] 吴成柯, 刘靖, 侯格贤. 图像分割的多参量遗传算法方法. 自动化学报, 1998, 24(3): 129~132.

[109] 龙莆荟, 郑南宁等. 基于多层感知遗传算法的图像分割新方法. 控制理论与应用, 1998, 15(2): 232~236.

[110] I Sarafis, AMS Zalzala and P W Trinder, A Genetic Rule-Based Data Clustering Toolkit, 2002, 1238~1243.

[111] Giosuè Lo Bosco, PGAC: A Parallel Genetic Algorithm for Data Clustering. CAMP'05, 2005.

[112] 王敞,陈增强,袁著祉. 基于遗传算法的K均值聚类分析. 计算机科学, 2003, 30(2): 163~164.

[113] 刘健庄,谢维信,黄建军等. 聚类分析的遗传算法. 电子学报, 1995, 23(11): 81~83.

[114] Falkenauer, E.. The Grouping Genetic Algorithms. Widening the Scope of the Gas. Belgian Journal of Operation Research Statistics and Computer Science, Vol.33, 1993, 79~102.

[115] 唐立新,杨自厚,王梦光. 用遗传算法改进聚类分析算法. 数理统计与应用概率, 1997, 12(4): 350~356.

[116] 戴晓晖,李敏强,寇纪淞. 基于遗传算法的动态聚类算法. 系统工程理论与实践, 1999, 6(10): 108~111.

[117] Krishma K, Murty M N, Genetic K-means Algorithm. IEEE Trans. On System, Man and Cybernetics, Part B, 1999, 29(3): 433~439.

[118] Maulik U, Bandyopadhyay S, Genetic Algorithm-bansed Clustering Technique, Pattern Recognition, 2000, 33(9): 1455~1465.

[119] 闫德勤,迟忠先. 遗传LVQ聚类算法. 计算机工程与应用, 2003, 26(3): 100~101.

[120] 高坚. 基于c-均值和免疫遗传算法的聚类分析. 计算机工程, 2003, 29(12).

[121] DW vander Merwe. AP Engelbrecht, Data Clustering Using Particle Swarm Optimization, Machine Learning, Vol.19, 2003, 139~174.

[122] Xiang Xiao, Ernst R. Dow, Russell Eberhart, Zina Ben Miled and Rober J, Gene Clustering Using Self-Organizing Maps and

Particle Swarm Optimization, Nat.Genetics, Vol.32, 2003, 276~285.

[123] 王小平,曹立明. 遗传算法:理论、应用及软件实现. 西安:西安交通大学出版社,2002.

[124] A.S.Bickel and R.W. Smith, Determination of Near-optimum Use of Hospital Diagnostic Resources Using the "GENES" Genetic Algorithm Shell, Comput. Biol. Med., 1990, 20(1): 1~13.

[125] G.Pitney, T.R.Smith, D.Greenwood, Genetic Design of Processing Elements for Path Planning Networks, Proc. Of the Int. Joint Conf. On Neural Networks 3, IEEE, 1990, 925~932.

[126] A.S.Fraser, Simulation of Genetic Systems by Automatic Digital Computers, IV.Epistralian, Australian, Journal of Biol. Sci. 13, 1960, 329~346.

[127] H.Vafaie and K.A.De Jong, Genetic Algorithms as A Tool for Restructuring Feature Space Representations, Proceedings of the International Conference on Tools with AI, Herndon, VA. IEEE Computer Society Press, 1995.

[128] J.Bala, K.A.De Jong, J.Haung, H.Vafaie and H.Wechsler, Hybrid Learning Using Genetic Algorithms and Decision Trees for Pattern Classification, Proceedings of the 14th International Joint Conference on Artificial Intelligence, Montreal, Quebec, Canada, 1995.

[129] S.Bandyopadhyay and K.P.Sankar, Pattern Classification with Genetic Algorithms: Incorporation of Chromosome Differentiation, Pattern Recognition Letters, 1997, 18(1): 119~131.

[130] M.Sarkar, B.Yegnanarayana and D.Khemani, A Clustering Algorithm Using An Evolutionary Programing-based Approach, Pattern Recognition Letters 1997, 18(8): 975~986.

[131] J.N.Bhuyan, V.B.Raghavan and V.K.Elayavalli, Genetic

Algorithm for Clustering with An Ordered Representation, Proc. Fourth International Conference on Genetic Algorithms, Can Diego, CA, 1991.

[132] R.Krovi, Genetic Algorithms for Clustering: A Prelimary Investigation, Proc. 25th Hawaii International Conference on Systems Sciences, 1992, 540~544.

[133] J.Z.Liu and W.X.Xie, A Genetic-based Approach to Fuzzy Clustering, FUZZ-IEEE/IFES, Japan, 1995.

[134] J.N.Bhuyan, V.V.Raghavan and V.K.Elayavalli, Genetic Algorithm for Clustering with An Ordered Representation, in Proc. 4th Int. Conf. Genetic Algorithms. San Mateo, CA: Morgan Kaufman, 1991, 408~420.

[135] D.R.Jones and M. A. Beltramo, Solving Partitioning Problems with Genetic Algorithms (C), in Proc. 4th Int. Conf. Genetic Algorithms. San Mateo, CA: Morgan Kaufman, 1991, 442~457.

[136] 许勇, 刘奕文, 陈贺新等. 一种基于自适应遗传算法的聚类分析方法. 系统工程与电子技术, 1997, 19(9): 39~43.

[137] K.Krishna and M.Narasimha Murty. Genetic K-Means Algorithm (J). IEEE Transactions on Systems, Man and Cybernetics-part B: Cybernetics, Vol.29. No.3, 1999, 433~439.

[138] 朱明. 数据挖掘. 合肥: 中国科学技术大学出版社, 2002, 129~157.

[139] D.B.Fogel. An Introduction to Simulated Evclutionary Optimization, IEEE Trans.Neural Network, Vol.5, No.1, 1994, 3~14.

[140] 刘勇国, 李学明, 张伟等. 基于遗传算法的特征子集选择. 计算机工程, 2003, 22(6): 19~20.

[141] Yu Yixin, Zhang Hongpeng. A Social Cognition Model Applied to General Combination Optimization Problem(C). Proceedings

of the 1st International Conference on Machine Learning and Cybernetics, November 4~5, 2002 Beijing China, 1208~1213.

[142] Lewis DD. Feature Selection and Feature Extraction for Text Categorization, Proceedings of Speech and Natural Language Workshop. San Francsico: Morgan Kaufmann, February 1992, 212~217.

[143] 秦进，陆汝占等. 文本分类中的特征提取. 计算机应用，2003, 23（2）: 45~46.

[144] Haesun Park, Lower Dimensional Representation of Text Data Based on Centroids and Least Squares, BIT Numerical Mathematics 43, 2003, 427~448.

[145] 陈真勇，何永勇，褚福磊等. 基于遗传进化的最近邻聚类算法及其应用. 控制与决策，2002, 17（4）: 469~472.

[146] S.T. Dumais, et al. Using Latent Semantic Analysis to Improve Information Retrieval, In CHI'88 Proceedings, 1988, 281~285.

[147] 盖杰，王怡，武港山. 基于潜在语义分析的信息检索. 计算机工程，2004, 30（2）: 58~60.

[148] 周水庚，关佶红，胡运发. 隐含语义索引及其在中文文本处理中的应用研究. 小型微型计算机系统，2001, 22（2）: 239~243.

[149] LIN Hong-fei, et al. Text Browsing Based on Latent Semantic Indexing (J). Journal of Chinese Information Processing, 2000, 14（5）: 49~56.

[150] Landauer T k, Foltz P W, Laham D, Introduction to Latent Semantic Analysis, Discourse Processes. 1998（25）: 259~284.

[151] Letsche T A, Berry M W. Large-scale Information Retrieval with Latent Sematic Indexing, Information Sciences,

1997, 100 (1~4): 105~137.

[152] S ebastien Picault, Anne Collinot, Designing Social Cognition Models for Multi-Agent Systems through Simulating Primate Societies, Proceedings of ICMAS98 (3rd International Conference on Multi-Agent Systems), 1998, 238~245.

[153] 王喆, 余贻鑫, 张弘鹏. 社会演化算法在机组组合中的应用. 中国电机工程学报, 2004, 24 (4): 12~17.

[154] 骆晨钟, 邵惠鹤. 采用混沌变异的进化算法. 控制与决策, 2005, 15 (5): 558~560.

[155] 李天岩, Yorke J A. 周期3蕴含混沌. 数学译林, 1989, 8 (3): 211~218.

[156] 李凡, 段建立, 吴敏. 采用混沌变异演化算法在边坡稳定分析中的应用, 合肥工业大学学报（自然科学版）, 2002, 25 (1): 109~112.

[157] Yu Wang, Zheng-ou Wang. Text Categorization Rule Extraction Based on Fuzzy Decision Tree, IEEE Proc. of 2005 International Conference on Machine Learning and Cybernetics. 2004. Aug.26~29, Guangzhou, CHINA.

[158] Montalvo S, Martillez R Casillas A, et al. Bilingual News Clustering Feature Translation vs. Dentification of Cognate Named Entities [J]. Pattern Recognition Letter, 2007, 28 (16): 2305~2311.

[159] Wei C. H., Yallg C. C., L in C M. A Latent Semantic Indexing-based Approach to Multilingual Document Clustering [J]. Decision Support Systems, 2008, 45 (3): 606~620.

[160] Altingovde I S, Demir E, Can F, et al. Incremental Cluster-based Retrieval Using Compressed Cluster-skipping Inverted Files. ACM Trans. Inf. Syst., 2008, 26 (3): 1~36.

[161] R. Kashef, M.S.Kamel. Enhanced Bisecting K-means

Clustering Using Intermediate Cooperation. Pattern Recognition, 2009, 42 (11): 2557~2569.

[162] Wei Song, Soon Cheol Park, Genetic Algorithm for Text Clustering Based on Latent Semantic Indexing. Computers and Mathematics with Applications, 2009, 57 (11): 1901~1907.

[163] Wei Song, Cheng Hua Li, Soon Cheol Park, Genetic Algorithm for Text Clustering Using Ontology and Evaluating the Validity of Various Semantic Similarity Measures. Expert Systems with Applications, 2009, 36 (05): 9095~9104.

[164] Henry Anaya-Sanchez, Aurora Pons-Porrata, Rafael Berlanga-Llavori, A Document Clustering Algorithm for Discovering and Describing Topics. Pattern Recognition Letters, 2009, 11.

[165] Dino Isal, V.P. Kallimani, Lam Hong Lee, Using the Self Organizing Map for Clustering of Text Documents. Expert Systems with Applications, 2009, 36 (5): 9548~9591.

[166] G. Forestier, P. Ganrski, C. Wemmert. Collaborative Clustering with Background Knowledge. Data and Knowledge Engineering, 2010, 69 (02): 211~228.

[167] Wen Zhang(a), Taketoshi Yoshida(b), Xijin Tang(c), Qing Wang (a), Text Clustering Using Frequent Itemsets. Knowledge-based Systems, 2010, 23 (5): 379~388.

[168] Linghui Gong, Jianping Zeng, Shiyong Zhang, Text Stream Clustering Algorithm Based on Adaptive Feature Selection. Expert Systems with Applications, 2011, 38 (3): 1393-1399.

[169] Argyris Kalogeratos, Aristidis Likas, Document Clustering Using Synthetic Cluster Prototypes. Data and Knowledge Engineering, 2011, 70 (3): 284~306.

[170] 高松, 冯志伟. 基于依存树库的文本聚类研究. 中文信

息学报，2011，25（3）：59~63.

[171] 徐森，卢志茂，顾国昌. 结合 K 均值和非负矩阵分解集成文本聚类算法. 吉林大学学报，2011，41（4）：1077~1082.

[172] 刘海峰，姚泽清，刘守生. 一种基于模糊加权的改进文本聚类方法. 微电子学与计算机，2011，28（9）：39~42.

[173] 王飞，张德贤，韩金淑，陶水波. 蚁群优化与模糊聚类结合的文本聚类研究. 计算机工程与应用，2010，46（32）：126~129.

[174] 管仁初，裴志利，时小虎，杨晨，梁艳春. 权吸引子传播算法及其在文本聚类中的应用. 计算机研究与发展，2010，47（10）：1733~1740.

[175] 徐森，卢志茂，顾国昌. 使用谱聚类算法解决文本聚类集成问题. 通信学报，2010，31（6）：58~66.

[176] 张霞，王素贞，尹怡欣，赵海龙. 基于模糊粒度计算的 K-means 文本聚类算法研究. 计算机科学，2010，37（2）：209~211.

[177] 童健华，谭洪舟，郭雷勇. 一种改进的人工免疫文本聚类算法. 系统仿真学报，2010，22（1）：29~32.

[178] 丘志宏，宫雷光. 利用上下文提高文本聚类的效果. 中文信息学报，2007，21（6）：109~115.

[179] 谷波，李济洪，刘开瑛. 基于 COSA 算法的中文文本聚类. 中文信息学报，2007，21（6）：65~70.

[180] 何婷婷，戴文华，焦翠珍. 基于混合并行遗传算法的文本聚类研究. 中文信息学报，2007，21（4）：55~60.

[181] 刘楠. 改进的小生境遗传算法在多目标车间调度中的应用研究. 大连交通大学，2009.

[182] Cavicchio, D. J. Reproductive Adaptive Plans. In Proceedings of the ACM 1972 Annual Conference, 1972.

[183] Brits, R., A. P. Engelbrecht and F. van den Bergh, A Niching Particle Swarm Optimimer, In Proceedings of the Conference

on Simulated Evolution and Learning, Nov. 2002, Singapore.

[184] Brits, R., A.P. Engelbrecht and F van den Bergh. Scalability of Niche PSO. In Proceedings of IEEE Swarm Intelligence Symposium, 2003.

[185] Brits, R., A.P. Engelbrecht and F van den Bergh, Locating Multiple Optima Using Particle Swarm Optimization. Applied Mathematics and Computation, 2007, 1859~1883.

[186] 章军. 小生境粒子群优化算法及其在多分类器集成中的应用研究. 中国科学技术大学, 2007.

[187] De Jong, K. A.. An Analysis of the Behavior of A Class of Genetic Adaptive Systems, in Department of Computer Science. 1975, University of Michigan: Ann Arbor, Michigan, USA.

[188] Hao Zhangang, Building Text Knowledge Map for Product Development Based on CSEP Method, 2009 International Conference on Computer Network and Multimedia Technology, 2009（12）: 1081~1085.

[189] Hao Zhangang, Yang Jianhua, Building Knowledge Map for Product Development Based on GAKME Method. The Second International Workshop on Education Technology and Computer 2010, 3: 696~699.

[190] Vail Ⅲ, Edmond F. Knowledge Mapping: Getting Started with Knowledge Management. Information Systems Management, 1999, 16（4）: 16~23.

[191] D.Amore R, Konchady M, Obrst L. Knowledge Mapping Aids Discovery of Organizational Information. http://www.miter.org/news/theedge/april00/ damore.html, 2007-03-23.

[192] 王曰芬, 邵鹏. 情报研究中知识地图的应用探索. 图书情报工作, 2006, 50（12）: 83~87.

[193] 苑忠磊，张成洪，张诚，胥正川. 面向流程的企业知识地图及其本体实现. 计算机集成制造系统，2006，12（9）：1524~1530.

[194] 邓三鸿，金莹，杨建林. 学科知识地图的构建——以图书、情报学为例. 情报学报，2006（01）.

[195] 陈远，钟晓星. 基于工作流的知识地图及其在企业知识管理中的应用. 中国图书馆学报，2005（02）.

[196] 苏海，蒋祖华，伍宏伟. 面向产品开发的知识地图构建. 上海交通大学学报，2005，39（12）：2034~2039.

[197] Miller, W.L. and Morris, L. 4th Generation R&D: Managing Knowledge, Technology and Innovation. New York: John Wiley & Sons, Inc, 1999.

[198] 傅家骥等. 技术创新学. 北京：清华大学出版社，1998.

[199] Debra, M. and Rogers, A. The Challenge of 5th Generation R&D. Research Technology Management, 1996, July~August: 33~41.

[200] Kline, S.J. and Rosenberg, N. An Overview of Innovation. In Landau, R. and Rosenberg, N. (ed.). The Positive Sum Strategy-Harnessing Technology for Economic Growth. National Academy Press, Washington, D.C., 1986.

[201] Rothwell, R. Successful Industrial Innovation: Critical Factors for the 1990s. R&D Management, 1992, 7（3）：191–206.

[202] Rothwell, R. Issues in User-Producer Relations: Role of Government. In Gold, B. (ed.) Special Annual Issue of the International Journal of Technology Management, 1993.

[203] 翟丽. 集成产品开发过程及其概念模型. 科研管理，1999，20（1）：100~107.

[204] 温有奎，徐国华，赖伯年，温浩. 知识元挖掘. 西安：西安电子科技大学出版社，2005.

作者研究文献

[1] 郝占刚,王正欧. 基于模式聚类和遗传算法的文本特征提取方法. 计算机应用,2005,25(7):1632~1633.

[2] 郝占刚,王正欧. 基于潜在语义索引和遗传算法的文本特征提取方法. 情报科学,2006,24(1):104~107.

[3] 郝占刚,王正欧. 基于遗传算法和k-medoids算法的聚类新算法. 现代图书情报技术,2006(5):44~46.

[4] 郝占刚,王正欧. 基于社会演化算法的聚类新算法. 情报杂志,2006(5):5~7.

[5] 郝占刚,王正欧. 基于混沌社会演化算法的文本聚类新方法. 系统工程学报,2007(1).

[6] 郝占刚. 基于混沌社会演化算法的聚类新方法. 统计与决策,2007,6.

[7] Hao Zhangang. Building Text Knowledge Map for Product Development based on CSEP Method. 2009 International Conference on Computer Network and Multimedia Technology,2009,12:1081~1085(EI检索).

[8] Hao Zhangang, YANG Jianhua. Building Knowledge Map for Product Development Based on GAKME Method. The Second International Workshop on Education Technology and Computer 2010,3:696~699(EI检索).

[9] 毛荐其,郝占刚,辛德强. 基于技术遗传特性的新产品开

发研究. 科研管理, 2011, 32 (2): 37~43.

[10] 毛荐其, 辛德强, 郝占刚. 产品研发中技术演化底层因子作用机理研究. 研究与发展管理, 2011, (4): 75~82.

后 记

本书集合了笔者近几年的研究成果,现在终于可以出版了。

本书得到了国家自然科学基金(批注号:71172086、70971077)、山东省中青年科学家科研奖励基金"基于文本挖掘的决策方法研究"(批注号:2008BS01028)、山东省自然科学基金"基于数据挖掘及进化算法的技术创新进化研究"(批注号:ZR2009HQ005)的资助,在此向国家自然科学基金委员会、山东省科技厅、山东省自然科学基金委员会表示感谢。

感谢我的导师王正欧教授,本书的研究工作大部分是在王老师的指导下完成的,王老师对我的研究工作倾注了大量的心血,给我提供了很多课题方面的总体的思路的建议以及具体的指导。

感谢山东工商学院毛荐其教授、梁启华教授及其他同事对本书的指导和对作者的帮助。

感谢经济管理出版社为本书出版做出的努力,申桂萍老师以高度负责的精神为本书做了大量细致的工作。

经过辛勤的研究和艰苦的探索取得了一些新的认知,但由于笔者水平和学识有限,本书内容难免有一些不足之处,希望各位读者给予慷慨指正。在本书的写作过程中,引用了大量的国内外参考文献,绝大部分做了标注,若有遗漏之处敬请谅解,并在此向所引用文献的作者表示感谢。

郝占刚

2011 年 11 月